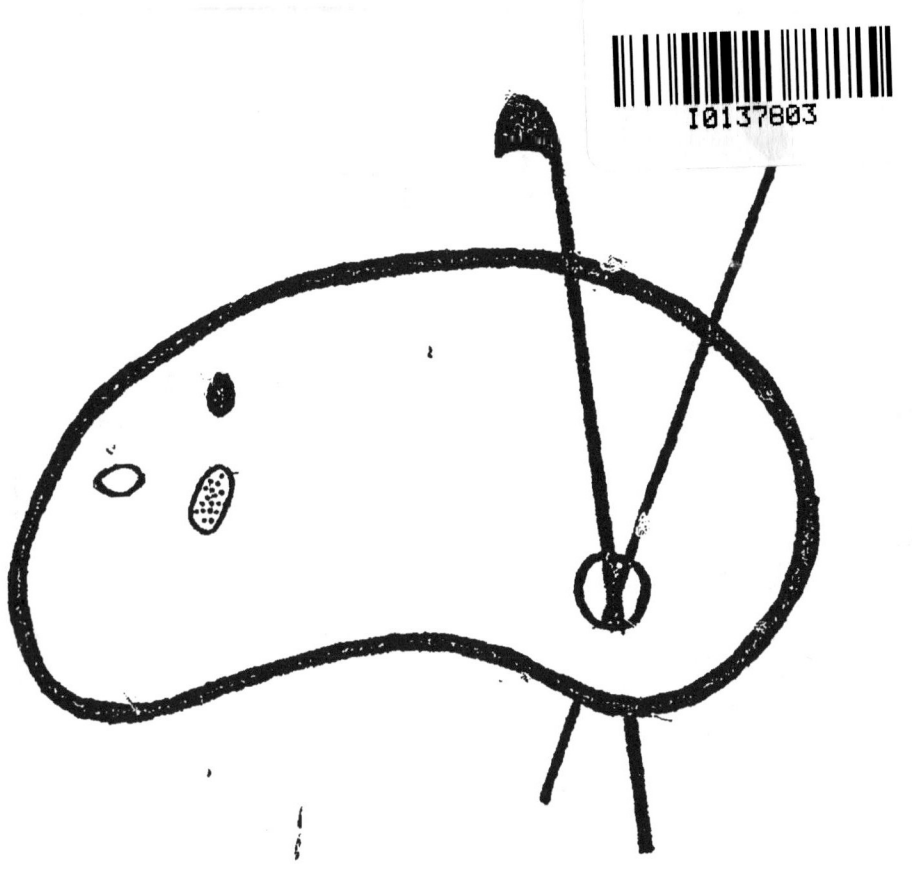

**COUVERTURE SUPERIEURE ET INFERIEURE
EN COULEUR**

RHÉTORIQUE
ET
GENRES LITTÉRAIRES

OUVRAGE
RÉDIGÉ CONFORMÉMENT AUX PROGRAMMES OFFICIELS
ET
ACCOMPAGNÉ DE RÉSUMÉS SYNOPTIQUES

PAR

FRANÇOIS DE CAUSSADE
Ancien bibliothécaire du Louvre et du ministère de l'Instruction publique
Conservateur de la bibliothèque Mazarine

PARIS
G. MASSON, ÉDITEUR
LIBRAIRE DE L'ACADÉMIE DE MÉDECINE
120, BOULEVARD SAINT-GERMAIN, EN FACE DE L'ÉCOLE DE MÉDECINE

A LA MÊME LIBRAIRIE

Traité de Physique élémentaire de Ch. Drion et E. Fernet, revu et modifié par M. E. Fernet, ancien professeur de physique à Saint-Louis, inspecteur général de l'Instruction publique. 8ᵉ édition, petit in-8, avec 709 figures . . . .

Traité élémentaire de Chimie, par M. L. Troost, professeur à la Faculté des sciences de Paris. 6ᵉ édition entièrement refondue et corrigée, nombreuses données de thermochimie. 1 vol. in-8 avec 440 figures.

Cours élémentaire de Zoologie, par M. Milne-Edwards, de l'Institut. 12ᵉ édition. 1 vol. in-18, avec 197 figures . . . .

Précis d'Algèbre, par M. Maudit, professeur au lycée Saint-Louis, revue et corrigée. 1 vol. in-18 . . . .

Précis d'Arithmétique, par M. Maudit, professeur au lycée Saint-Louis. 5ᵉ édition revue et corrigée. 1 vol. in-18 . . . .

Précis de Chimie, par M. L. Troost, 14ᵉ édition, conforme aux programmes et suivie de quelques notions de chimie organique. 1 vol. in-18 avec figures dans le texte . . . .

Précis de Géométrie, par M. Ch. Vacquant, inspecteur général de l'Université. 1 vol. in-18 avec 448 figures dans le texte. 4ᵉ édition conforme aux nouveaux programmes. Cartonné.

Précis de Géométrie descriptive, par M. A. Tisot. 4ᵉ édition, conforme aux nouveaux programmes. 1 vol. in-18 avec figures dans le texte.

Précis d'Histoire naturelle, Zoologie, Botanique, Géologie, par M. Milne-Edwards, de l'Institut. 1 vol. in-18, avec figures.

Notions sur le lever des plans, par M. A. Tisot, à l'École polytechnique. in-18, avec figures dans le texte.

Précis de Mécanique, par M. Genty, professeur au lycée Louis-le-Grand. 4ᵉ édition, entièrement revue. 1 volume in-18, avec figures dans le texte.

Précis de Physique, par M. E. Fernet, inspecteur général de l'Instruction publique. 1 vol. in-18, avec 212 figures dans le texte. Cartonné.

Précis de Trigonométrie, par M. Ch. Vacquant, 4ᵉ édition, conforme aux nouveaux programmes. 1 vol. in-18, avec 54 figures dans le texte.

Précis de Philosophie, par M. L. Burdeau, agrégé de l'Université, suivi de l'analyse des ouvrages philosophiques indiqués par le même programme. 2ᵉ édition. 1 vol. in-18.

Notions théoriques sur la Rhétorique et les principaux genres littéraires, par M. Brunkane, agrégé de l'Université. In-18.

Précis d'Histoire, par M. E. Le Bas, membre de l'Institut.

Cours de Rhétorique. Sommaires de l'Histoire de France jusqu'à 1610. Histoire de l'Europe de 1610 à 1789. 1 vol. in-8 avec cartes dans le texte. Cartonné.

Cours de philosophie. Histoire contemporaine de 1789 à 1848. Tableau chronologique des principaux évènements accomplis depuis 1789 à 1848 avec 10 cartes dans le texte. Cartonné.

Précis de Géographie, par M. E. Le Bas, membre de l'Institut, entièrement revue. 1 vol. in-18. Cartonné.

8° Y. 8
1876

RHÉTORIQUE
ET
GENRES LITTÉRAIRES

DE LA MÊME COLLECTION

Rhétorique. — *Étude des genres littéraires*, par M. de Caussade, ancien Bibliothécaire du Louvre et du Ministère de l'Instruction publique, Conservateur à la Bibliothèque Mazarine. 1 vol. in-18 de 162 pages, cartonné . . . . 2 fr. 50

Histoire littéraire, par le même.

    Littérature grecque, 1 vol. in-18, de 246 pages. Cartonné . . 3 fr.
    Littérature latine. 1 vol. in-18, de 532 pages. Cartonné . . 6 fr

Littérature française (sous presse).

4014. — Imprimerie A. Lahure, rue de Fleurus, 9, à Paris

RHÉTORIQUE

ET

GENRES LITTÉRAIRES

OUVRAGE

RÉDIGÉ CONFORMÉMENT AUX PROGRAMMES OFFICIELS

ET

ACCOMPAGNÉ DE RÉSUMÉS SYNOPTIQUES

PAR

François de CAUSSADE

Ancien Bibliothécaire du Louvre et du Ministère de l'Instruction publique
Conservateur de la bibliothèque Mazarine

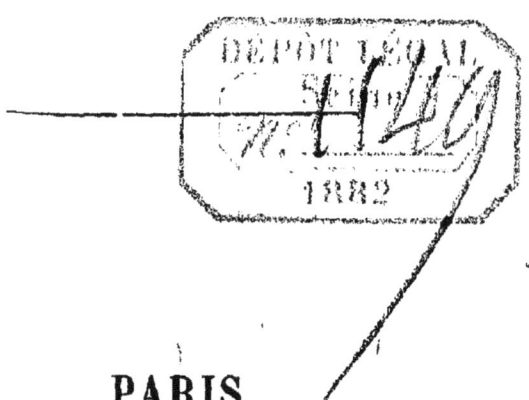

PARIS

G. MASSON, ÉDITEUR

LIBRAIRE DE L'ACADÉMIE DE MÉDECINE
120, BOULEVARD SAINT-GERMAIN, EN FACE DE L'ÉCOLE DE MÉDECINE

—

MDCCCLXXXI

RHÉTORIQUE

Tableau synthétique de la Rhétorique.

INVENTION.	DISPOSITION.	ÉLOCUTION.	ACTION.
1° **Arguments.** 1° Arguments proprement dits ; 2° Lieux communs : Intrinsèques ; Extrinsèques. 2° **Mœurs.** Qualités de l'orateur : 1° Mœurs réelles ; 2° — oratoires. 3° **Passions.** L'amour et la haine. RÈGLES. 1° Émotion personnelle ; 2° Ton ou opportunité et mesure.	1° Exorde. 2° 1° Proposition ; 2° Division ; 3° Narration ; 4° Confirmation ; 5° Réfutation : Sophismes et paralogismes. 3° Péroraison : Récapitulation ou Conclusion.	1° **Qualités générales du style.** 2° **Ancienne division du style** 1° Style simple ; 2° — tempéré ; 3° — sublime. 3° **Figures.** 1° FIGURES DE PENSÉE. 1° de raisonnement ; 2° de passion ; 3° d'imagination. 2° FIGURES DE MOTS. 1° de grammaire ; 2° de construction ; 3° de sens ou Tropes.	1° Voix ; 2° Geste ; 3° Physionomie. Mémoire. **APPENDICE** Exercices de rhétorique. Narration, Description, Tableau, Portrait, Parallèle, Éloge, Discours, Allégorie, Lettre, Rapport, Dialogue, Dissertation, Analyse littéraire.

RHÉTORIQUE.

INTRODUCTION.

La **Rhétorique** (lat. *rhetorica*, de ῥητορική, s. ent. τέχνη) est l'art de l'orateur (ῥήτωρ). — **Rhétorique. Sa définition.**

Quintilien l'a définie *l'art de bien dire*. Bien dire, suivant Aristote, c'est la faculté de découvrir tous les moyens possibles de *persuader sur quelque point que ce soit*. D'après Bossuet, *c'est l'art de parler éloquemment*.

L'**Éloquence** est le *talent de persuader*; c'est un don naturel. La **Rhétorique** est un art, fruit de l'observation, qui comprend *l'ensemble des règles puisées dans l'étude des modèles et dictées par le bon sens*. Avec l'art seul on peut être *disert*, c'est-à-dire faire un discours dont le style soit pur, facile, élégant. *Ex.* **Fléchier**. — Mais il peut rarement suppléer à la nature, et pour produire une œuvre qui ait du nerf, de la passion, de la noblesse et du sentiment, il faut avant tout posséder ce don de l'âme qu'on appelle l'Éloquence. *Ex.* **Bossuet**. — En dépit de la maxime de Quintilien (*nascuntur poetæ, fiunt oratores*), on naît orateur comme on naît poëte. — **L'Éloquence et la Rhétorique.**

Bien qu'elle ait été niée par Platon et d'autres écrivains, **l'utilité de la Rhétorique** est incontestable. Lorsqu'on n'en abuse pas comme les **Sophistes**, elle développe les dons naturels, règle les écarts de la passion, et donne à l'éloquence instinctive une supériorité qui est le résultat de l'étude et de l'expérience. — **Utilité de la Rhétorique.**

La Rhétorique a aussi un **but moral**, quoique on lui — **Son but moral.**

ait reproché, souvent avec raison, de servir à défendre le pour et le contre. On peut dire avec **Aristote** : « *La bonne cause est plus facile à plaider que la mauvaise et le bien se défend plus éloquemment que le mal* ». La Rhétorique peut prévenir les erreurs de la justice ; elle est aussi plus capable que la science pure de faire pénétrer la vérité parmi les hommes.

Origine et naissance de la Rhétorique.

Fondée sur l'observation et sur l'étude des chefs-d'œuvre de l'esprit humain, la **Rhétorique**, comme tous les arts, a son **origine** dans le besoin qu'éprouve l'homme de se rendre compte de toutes choses. Elle a pris **naissance** en Grèce, de là s'est introduite à Rome et n'a été à l'origine que la **théorie de l'art oratoire.**

L'Éloquence chez les anciens.

Chez les **anciens**, en effet, la vie publique absorbait la vie privée. Leurs mœurs et leurs institutions politiques avaient fait de l'**éloquence** l'art le plus élevé. C'est alors que des *orateurs* ou *rhéteurs* (ῥήτορες) sont venus, en ont donné les principes et déterminé les règles. L'éloquence a donc précédé la rhétorique, comme les langues ont précédé la grammaire.

Sophistes et rhéteurs.

Les premiers **rhéteurs** chez les Grecs furent les **sophistes**. Pris en bonne part, ce nom désigna d'abord les **interprètes** et les **panégyristes** des poëtes. Plus tard, excepté au 1ᵉʳ siècle après J. C., il fut appliqué aux **dialecticiens** sceptiques qui enseignaient à prix d'argent l'art de soutenir le *pour* et le *contre*. **Socrate** en fut le plus impitoyable adversaire. Les plus célèbres furent **Gorgias, Protagoras, Hippias, Polus.**

Premiers Traités de Rhétorique.

On fait remonter les **premiers ouvrages sur l'art** oratoire environ au cinquième siècle avant J.-C. Ils s'appelèrent **Traités de Rhétorique**. Plus tard, en prenant de l'extension, ils s'appliquèrent à l'art d'écrire, soit en vers, soit en prose, et gardèrent généralement avec le même titre les mêmes divisions.

Leur transformation.

L'éloquence et la poésie sont si intimement unies que, suivant Quintilien, les rhéteurs anciens appuyaient tous leurs préceptes sur l'autorité d'Homère. Aussi leurs ouvrages ont-ils pris quelquefois le nom d'**Art poétique** et les avons-nous admis dans notre histoire abrégée de la Rhétorique. Les uns et les autres sont de véritables **Traités de style**, de **composition** et même de critique littéraire.

Tableau de l'histoire abrégée de la Rhétorique.

AUTEURS.	DATES		OUVRAGES.
	NÉS EN	MORTS EN	
Rhétorique chez les anciens.			
1° Grecs.			
	Avant J.-C.		
Platon............	430 ?	347	Gorgias ou la Rhétorique.
Aristote..........	384	322	Rhétorique ; — Poétique.
Denys d'Halicarnasse............	54 ?	7	Traité de l'arrangement des mots.
	Après J.-C.		
Plutarque.........	40 ?	120 ?	Pas de traité spécial de Rhétorique ; nombreuses pensées et observations sur ce sujet dans ses différentes œuvres.
Lucien............	125 ?	200 ?	De la manière d'écrire l'histoire.
Longin............	213 ?	273	Rhétorique ; — Traité du sublime.
2° Romains.			
(Imitateurs des Grecs.)			
	Avant J.-C.		
Cicéron...........	106	43	Rhétorique à Herennius ? — De l'Invention ; — Dialogues sur l'orateur ; Brutus, ou des Orateurs illustres ; — l'Orateur ; — les Topiques, etc.
Horace............	65	8	Art poétique (*Épître aux Pisons*).
	Après J.-C.		
Quintilien.........	35 ?	95 ?	De l'éducation de l'orateur (*de Institutione oratoria.*)
Tacite............	54 ?	119 ?	Dialogue sur les Orateurs ?

Peu cultivée au **moyen âge**, la théorie de l'art d'écrire, soit en vers, soit en prose, a repris faveur dans les dernières années de la **Renaissance** et au **dix-septième siècle**. Les traités de ce genre se multiplièrent au **dix-huitième**. Notre époque est **moins didactique**. En dehors des livres destinés aux maisons d'éducation, et qui ne sont pour la plupart que des abrégés des anciennes rhétoriques, c'est plutôt chez les maîtres de la critique contemporaine que la doctrine s'est produite sous une autre forme.

Rhétorique chez les modernes.

Tableau de l'histoire abrégée de la Rhétorique
(SUITE).

AUTEURS.	DATES.		OUVRAGES.
	NÉS EN	MORTS EN	
Rhétorique en France.			

Rhétorique en France.
XVIe siècle.

AUTEURS.	NÉS EN	MORTS EN	OUVRAGES.
SIBILET (*Thomas*)	1512?	1589?	Art poétique (*en prose*).
RONSARD	1524	1585	Abbrégé de l'art poétique (*en prose*).
DU BELLAY (*Joachim*)	1524	1560	Deffense et illustration de la langue françoise.
VAUQUELIN DE LA FRESNAYE	1536	1607	Art poétique.

XVIIe siècle.

AUTEURS.	NÉS EN	MORTS EN	OUVRAGES.
COLLETET (*Guillaume*)	1598	1659	Art poétique (*en prose*).
PASCAL	1623	1662	Pensées et remarques sur le style (*passim*).
BOILEAU	1636	1711	Art poétique.
LA BRUYÈRE	1645	1696	Caractères (*des ouvrages de l'esprit;— de la chaire*).
FÉNELON	1651	1715	Dialogues sur l'éloquence ;— Lettre à l'Académie française.

XVIIIe siècle.

AUTEURS.	NÉS EN	MORTS EN	OUVRAGES.
ROLLIN	1661	1741	Traité des Études (livres IV et V).
DUMARSAIS	1676	1756	Traité des Tropes.
L'Abbé GIRARD	1677	1748	Préceptes de Rhétorique.
CRÉVIER	1693	1765	Rhétorique française.
VOLTAIRE	1694	1778	Temple du goût; — Observations nombreuses dans ses ouvrages.
BUFFON	1707	1788	Discours sur le style.
LE BATTEUX	1713	1780	Principes de littérature.
CONDILLAC	1715	1780	Cours d'études (*Art d'écrire*, etc.).
MARMONTEL	1723	1799	Éléments de littérature.
Cardinal MAURY	1746	1817	Essai sur l'éloquence de la chaire.

XIXe siècle.

AUTEURS.	NÉS EN	MORTS EN	OUVRAGES.
LECLERC (*Victor*)	1789	1865	Nouvelle Rhétorique.
JULLIEN	1798	—	Petit traité de Rhétorique et de Littérature.
GÉRUZEZ	1799	1865	Cours de Littérature.
FILON	1800	1875	Éléments de Rhétorique française.
BRIZEUX	1803	1858	Poétique nouvelle (*en vers*).
DIDIER	1819	1870	Notions de Rhétorique et de Littérature.

INTRODUCTION.

Quelque sujet que l'orateur ait à développer, on peut le ramener à l'un des trois *genres de causes* que distingue Aristote : 1° **démonstratif**, 2° **délibératif**, 3° **judiciaire**.

Trois genres de causes :

Le but du genre **démonstratif** est l'*honnête ;* son objet de louer ou de blâmer.

1° démonstratif.

Ex. Panégyrique, — Discours académiques, — Oraison funèbre, — Discours satiriques.

Le but du genre **délibératif** est l'*utile ;* son objet de conseiller ou de dissuader.

2° délibératif.

Ex. Éloquence de la chaire, — de la tribune.

Le but du genre **judiciaire** est le *juste ;* son objet d'accuser ou de défendre.

3° judiciaire.

Ex. Plaidoyers, — Mémoires, — Éloquence du barreau.

DIVISION DE LA RHÉTORIQUE.

Dans tout sujet, l'orateur a trois conditions à remplir : 1° *trouver les choses qu'il doit dire* (**invention**) ; 2° les *mettre en ordre* (**disposition**) ; 3° les *exprimer* (**élocution**). On doit y ajouter l'**Action** (*voix, geste, physionomie*), et la **Mémoire**.

Quatre parties.

Excepté l'**action** qui n'appartient qu'à l'éloquence, toutes les parties de la Rhétorique comprennent les **grands principes de la composition.** Ils sont les **mêmes** pour toutes les œuvres de l'esprit humain. Quelle que soit la forme qu'un écrivain donne au développement d'un sujet, le fond exige toujours le même ordre et la même méthode ; c'est une question de goût et de bon sens. Depuis les conceptions les plus hardies de l'imagination jusqu'aux expositions les plus froides et les plus rigoureuses de la science, depuis les plus vastes créations des poëtes jusqu'à une simple lettre d'affaires, il doit satisfaire aux *règles générales* de l'**invention**, de la **disposition** et de l'**élocution** ; il n'y a de différence que dans les détails. (*Voir* dans BUFFON, *Discours sur le style*, le passage où il fait la revue des règles oratoires communes à tous les genres de discours ou d'écrits : *ordre* d'invention où l'écrivain détermine les parties principales de sujet (**plan**) ; — *égalité* du style et du ton ; — *unité* de composition et emploi discret des divisions ; — *sévérité* pour l'abus des *traits*

Règles de la Rhétorique communes à toute composition.

Plan méthodique ; unité ; simplicité ; naturel.

saillants qui dénaturent la vérité ; — naturel et vérité du ton, conditions essentielles du grandiose et du sublime.)

I

Invention.

Invention.
Sa définition et sa division.

L'**invention** consiste à *trouver les moyens de persuader*. Pour atteindre ce but, il faut que l'orateur, comme dit Cicéron, **prouve**, **plaise** et **touche** (*ut probet, ut delectet, ut flectat*). Il prouve par les arguments, il plaît par les mœurs, il touche par les passions. L'invention comprend donc : 1° les **Arguments**, 2° les **Mœurs**, 3° les **Passions**.

1° ARGUMENTS.

Arguments ou preuves.

On appelle **arguments** ou **preuves** les *raisons* dont se sert l'orateur pour appuyer la vérité qu'il veut démontrer. On peut dire, toutefois, que les preuves sont les *raisons elles-mêmes*, dont les arguments ne sont que les *formes*.

Les rhéteurs distinguent deux espèces de preuves :
1° les *arguments proprement dits* ; 2° les *lieux communs*.

I° Arguments proprement dits.

Les **preuves** revêtent toutes les formes de raisonnement. On en compte **neuf** principales, qui sont la base de toute démonstration ; imposées par la logique, elles tirent leur origine des lois mêmes de notre intelligence.

Ces formes de raisonnement ou arguments proprement dits, sont :

1° le **syllogisme**,   4° le **dilemme**,   7° l'**induction**,
2° l'**enthymème**,   5° le **sorite**,   8° la **déduction**,
3° l'**épichérème**,   6° l'**exemple**,   9° l'**argument personnel** (*ad hominem*).

1° Syllogisme.

Le **Syllogisme** (σὺν-λογισμὸς, raisonnement), est l'argument par excellence, celui qui est le **principe** de tous les autres. Il se compose de trois propositions, dont la dernière est déduite des deux autres. Les deux premières ou **prémisses** (*majeure* et *mineure*) préparent la troisième (*conclusion*).

Ex. Toute vertu est aimable.
Or, la justice est une vertu ;
Donc, la justice est aimable.

L'enthymème (ἐνθύμημα, de ἐνθυμέομαι, je conçois par l'esprit), est un syllogisme *abrégé*. C'est l'argument favori de l'orateur et du poëte. Dans la vivacité du discours, on sous-entend soit la *majeure*, soit la *mineure*.

2° *Enthymème.*

Ex. : « Que si Dieu accorde aux prières des prospérités temporelles, combien plus leur accorde-t-il les vrais biens, c'est-à-dire les vertus ! »
(Bossuet, *Or. fun. de Marie-Thérèse de France*.)

Comment ? des animaux qui tremblent devant moi !
Je suis donc un foudre de guerre ?
(La Fontaine, *Le Lièvre et les Grenouilles*, II, 14.)

L'épichérème (ἐπιχείρημα, de ἐπιχειρέω, je traite un sujet), est un syllogisme *développé*, dans lequel les deux prémisses ou l'une des deux est suivie de sa preuve.

3° *Épichérème.*

Ex. Toute action déloyale mérite d'être punie; sans cela les honnêtes gens seraient à la merci des coquins.
Or, la calomnie est une action déloyale ;
Donc, elle mérite d'être punie.

Le dilemme (δίς-λῆμμα) est un syllogisme *double* (*argumentum cornutum ex utrinque feriens*). Il tire de deux propositions contraires une seule conclusion.

4° *Dilemme.*

Ex. A d'illustres parents s'il doit son origine,
La splendeur de son sort doit hâter sa ruine ;
Dans le vulgaire obscur si le sort l'a placé,
Qu'importe qu'au hasard un sang vil soit versé ?
(J. Racine, *Athalie*, acte II, scène v.)

Le sorite (σωρείτης) est un syllogisme *accumulé* (σωρεύω, j'entasse).

5° *Sorite.*

Ex. L'ambitieux a plus de désirs que de moyens pour les satisfaire ;
Celui qui a plus de désirs que de moyens pour les satisfaire est malheureux ;
Celui qui est malheureux est digne de pitié ;
Donc, l'ambitieux est digne de pitié.

L'exemple (*exemplum*) est un syllogisme *prouvé* par un fait historique, qui devient comme un quatrième terme à l'appui de la conclusion.

6° *Exemple.*

Ex. — Joad, pour encourager Josabeth à la résignation, lui cite l'*exemple* du sacrifice d'Abraham :

N'êtes-vous pas ici sur la montagne sainte,
Où le père des Juifs sur son fils innocent
Leva sans murmurer un bras obéissant ?
(J. Racine, *Athalie*, acte IV, scène v.)

1°
Induction.

L'induction (*inductio*) tire une proposition générale de plusieurs faits particuliers (*in-ducere*).

Ex. — Après avoir fait le portrait de plusieurs genres de fous, Boileau termine ainsi :

> N'en déplaise à ces fous nommés sages de Grèce,
> En ce monde il n'est point de parfaite sagesse ;
> Tous les hommes sont fous, et, malgré tous leurs soins,
> Ne diffèrent entre eux que du plus ou du moins.
> (Boileau, *Satire* IV, vers 33 et suiv.)

8°
Déduction.

La déduction (*deductio*) tire une vérité particulière d'une vérité générale (*de-ducere*).

Ex. L'homme attaqué peut sans crime tuer en se défendant, celui qui l'attaque ;
Or, Clodius a attaqué Milon ;
Donc, Milon a pu légitimement tuer Clodius.
(Cicéron, *Pro Milone*.)

3°
Argument personnel.

L'argument personnel (*argumentum ad hominem*) se tire des actes et des paroles mêmes de l'adversaire.

Ex. — Auguste veut confondre Cinna, et lui reproche d'avoir loué devant lui la monarchie :

> Affranchir ton pays d'un pouvoir monarchique ?
> Si j'ai bien entendu tantôt ta politique,
> Son salut désormais dépend d'un souverain
> Qui, pour tout conserver, tienne tout en sa main.
> (P. Corneille, *Cinna*, acte V, scène i.)

II
Lieux communs.

Les **arguments** que nous venons d'énumérer se rapportent à des principes généraux, dont il ne sont que des conséquences. Ces principes sont une autre forme de la preuve.

Les anciens rhéteurs les appelaient **lieux communs** (*loci communes* chez les Latins, τόποι chez les Grecs, d'où le nom de **Topiques** donné aux livres d'Aristote et de Cicéron qui en traitent). Les lieux communs ne sont devenus des banalités que par l'abus.

Il y a deux sortes de lieux communs : 1° les **intrinsèques**, c'est-à-dire tirés du sujet même, et qui s'appuient sur le raisonnement ; 2° les **extrinsèques**, c'est-à-dire hors du sujet.

On classe ainsi les principaux lieux communs intrinsèques :

1°
Intrinsèques.

Définition, Énumération des parties, Genre et Espèce.	Comparaison, Contraires, Choses qui répugnent entre elles.	Circonstances, Antécédents et conséquents, Cause et effet, etc.

La définition est tirée du sujet lui-même. Elle explique la question tout entière, et persuade en déterminant le sens des mots ; elle est générale ou partielle.

Ex. — Définition du *crime* par le vieil Horace dans le procès de son fils :

> Aimer nos ennemis avec idolâtrie,
> De rage en leur trépas maudire la patrie,
> Souhaiter à l'État un malheur infini,
> C'est ce qu'on nomme crime, et ce qu'il a puni.
> (P. CORNEILLE, *Horace*, acte V, scène III.)

Définition.

L'énumération des parties expose toutes les faces d'un sujet, toutes les circonstances d'un fait, toutes les parties d'une idée.

Ex. — Énumération des *miracles* et des *justices* de Dieu dans la première scène d'*Athalie*.

> Faut-il, Abner, faut-il vous rappeler le cours
> Des prodiges fameux accomplis en nos jours ? etc.

Énumération des parties.

Le genre et **l'espèce** sont des lieux communs propres au genre judiciaire, où l'on cherche à prouver que les textes généraux de la loi sont applicables dans l'**espèce** à un sujet particulier. Ce qui est vrai du premier (le **genre**) l'est nécessairement de la seconde (l'**espèce**).

Genre et espèce.

La comparaison établit entre deux idées un *rapport* qui amène une conclusion. Par là, elle est le *lieu d'un argument* et rentre dans la preuve.

Ex. — Bossuet compare le *dévouement* de Michel Le Tellier au *sacrifice* de Jésus-Christ, et en conclut implicitement que le sacrifice est un *devoir*. (*Or. fun. de Michel Le Tellier.*)

La dissemblance est une variété de la comparaison.

Comparaison et dissemblance.

Les contraires consistent à prouver le sujet en tirant la conclusion de deux idées ou de deux faits opposés.

Ex. « Si Gracchus est coupable *d'avoir soulevé le peuple*, Opimius *est justifié* de l'avoir mis à mort ».
(CICÉRON, *de Oratore*, II, § 40.)

Les contraires procèdent encore par *exclusion*, en montrant ce que le sujet n'est pas, pour faire comprendre ce qu'il est.

Ex. — La Mollesse, dans **Boileau**, peint la cour des rois fainéants pour faire ressortir l'ardeur guerrière de Louis XIV. (*Lutrin*, chant II, vers 101 à 128.)

Contraires.

Choses qui répugnent entre elles.

Les choses qui répugnent entre elles (*inter se repugnantia*) servent à prouver que deux idées ou deux faits sont inconciliables.

Ex. — Cicéron raconte que Clélius fut absous de l'accusation de parricide parce qu'on l'avait trouvé dormant auprès de celui qu'on prétendait être sa victime. (CICÉRON. *Pro Roscio*, XXIII.)

Circonstances.

Les circonstances sont les preuves tirées de la comparaison du sujet ou du fait avec la personne, le lieu, le temps, etc ; c'est par excellence un lieu commun du genre judiciaire. Les circonstances ont été groupées par les anciens rhéteurs dans ce vers technique :

Quis, quid, ubi, quibus auxiliis, cur, quomodo, quando.

Ex. — On peut lire dans **Cicéron** la justification de Milon, accusé du meurtre de Clodius. (*Pro Milone*, § XX).

Antécédents et conséquents.

Les **antécédents** et les **conséquents** sont les préliminaires d'un fait et le fait lui-même dont le rapprochement aide souvent à reconnaître le coupable.

Ex. — Discours d'Hippolyte qui se défend devant Thésée :

Examinez ma vie, et songez qui je suis.
Quelques crimes toujours précèdent les grands crimes. etc.
(J. RACINE, *Phèdre*, acte IV, scène II.)

Cause et effet

La **cause** et l'**effet** servent à louer ou à blâmer une action en considérant son principe ou ses conséquences.

Ex. — Lire dans Corneille le discours du vieil Horace défendant son fils (*Horace*, acte V. scène III.)

**2°
Extrinsèques.**

Les lieux communs **extrinsèques** sont plutôt du domaine de la jurisprudence que de l'art oratoire. Les principaux sont :

1° La **loi**, base de tout jugement. Elle détermine la culpabilité et règle le droit.

2° Les **titres** écrits, qui établissent le droit ; ils sont discutables, faute de clarté.

3° Les **témoins**, qui servent à établir la vérité, d'après l'opposition ou la concordance de leur opinion, et suivant leur honorabilité.

4° Le **serment**, qui garantit la véracité des témoins.

5° La **renommée**, qui est la notoriété, le bruit public.

La connaissance et la pratique des lieux communs n'est pas absolument inutile; c'est une **gymnastique** pour l'esprit qui peut, en s'y exerçant, acquérir plus de souplesse et de vivacité. Toutefois, leur importance a bien diminué chez les modernes; la *réflexion*, la *sagacité personnelle* et le *savoir* sont les sources les plus fécondes de l'invention. Les meilleures preuves se tirent des entrailles mêmes du sujet (*ex visceribus rei*).

Utilité des lieux communs.

2° MŒURS.

Les preuves rendent la *vérité claire*, sinon *évidente*; mais l'influence personnelle de l'orateur doit la rendre *persuasive* par l'autorité de son caractère; c'est le but des **Mœurs**. La Rhétorique n'enseigne pas à les trouver, mais elle dirige les dispositions et les émotions naturelles.

Mœurs.

Les **Mœurs** sont les **qualités** qui constituent le **caractère** de l'orateur et de l'écrivain. Ils doivent les posséder, s'ils veulent persuader leurs auditeurs ou leurs lecteurs et se concilier leur sympathie.

Pour convaincre les hommes, il faut captiver leur confiance. On n'y parvient qu'avec **l'art de plaire** « *cet art qui*, selon Pascal, *est la partie la plus subtile, la plus difficile, la plus utile, la plus admirable de l'art de persuader* », et que le grand Corneille regardait comme un devoir pour l'écrivain.

On peut ramener les **qualités** qui servent à établir l'autorité morale de l'écrivain et de l'orateur à quatre principales : 1° la *probité*, 2° la *modestie*, 3° la *bienveillance* ou le *zèle*, 4° la *prudence*.

Qualités de l'orateur et de l'écrivain

1° Probité.

La *probité* est le premier terme de la définition que Caton l'Ancien donnait de l'orateur : « *Vir bonus dicendi peritus* ». Cette qualité se produit dans l'ensemble d'un caractère.

Ex. — Discours de Burrhus à Agrippine :

> Vous m'avez de César confié la jeunesse....
> Mais vous avais-je fait serment de le trahir....
> Burrhus pour le mensonge eut toujours trop d'horreur, etc.
>
> (Racine, *Britannicus*, acte I, scène II.)

La *modestie* efface les mauvais effets de ce *moi si haïssable*, selon Pascal.

2° Modestie.

Ex. — Les paroles de Monime s'adressant à Mithridate jaloux et menaçant:

> Je n'ai point oublié quelle reconnaissance,
> Seigneur, m'a dû ranger sous votre obéissance, etc.
> (J. RACINE, *Mithridate*, acte IV, scène IV.)

3°
Bienveillance.

La *bienveillance* ou le *zèle* séduit l'homme en s'adressant à son intérêt personnel.

Ex. — Xipharès dit à Mithridate :

> J'irai.... j'effacerai le crime de ma mère.
> Seigneur, vous m'en voyez rougir à vos genoux :
> J'ai honte de me voir si peu digne de vous; etc.
> (J. RACINE, *Mithridate*, acte III, scène I.)

4°
Prudence.

La *prudence* détruit l'incertitude chez les timides, et met en garde les audacieux contre la témérité.

Ex. — Acomat dit à Roxane pour la décider à la révolte contre Amurat :

> Déclarons-nous, madame, et rompons le silence :
> Fermons-lui, dès ce jour, les portes de Byzance; etc.
> (J. RACINE, *Bajazet*, acte I, scène II.)

> L'autre lui dit: Qu'allez-vous faire?
> Voulez-vous quitter votre frère?
> L'absence est le plus grand des maux, etc.
> (LA FONTAINE, *Les Deux Pigeons*, IX, 2.)

Mœurs.

A cause de l'imperfection de la nature humaine, on a dû établir une distinction entre les **mœurs réelles** et les **mœurs oratoires**.

1°
Réelles.

Les **mœurs réelles** sont les *qualités vraies* que possèdent l'orateur et l'écrivain. La *conviction* et la *sincérité* sont les conditions indispensables de toute éloquence. Le précepte de **Boileau** s'applique aux orateurs comme aux poëtes :

> Que votre âme et vos mœurs, peintes dans vos ouvrages,
> N'offrent jamais de vous que de nobles images.
> (*Art poét.*, chant IV, vers 91 et 92.)

2°
Oratoires.

Les **mœurs oratoires** sont les *qualités que se donnent* l'orateur et l'écrivain aux yeux des auditeurs ou des lecteurs ; tant il est vrai qu'un malhonnête homme est obligé, pour se concilier les esprits, pour les persuader et les séduire, d'emprunter les apparences d'un homme de bien. C'est le cas de répéter avec La Rochefoucauld : « L'hypocrisie est un hommage que le vice rend à la vertu. » (*Maximes*, 218, édit. Gilbert, etc.)

Aux mœurs se rattachent les **bienséances**, une des parties les plus essentielles et les plus difficiles de l'art oratoire. Elles consistent dans l'**accord parfait** des *idées*, des *sentiments*, du *langage*, de *l'action* de l'orateur avec le *sujet* qu'il traite et les *circonstances* où il se trouve. Les bienséances se rapportent donc à l'orateur, aux personnes dont on parle, à l'auditeur, au temps, aux lieux et au sujet.

Bienséances.

3° PASSIONS.

A la force de la vérité, à l'autorité personnelle, l'écrivain et l'orateur doivent ajouter la *puissance du sentiment*. C'est le secret des **passions oratoires**. (Cf. ROLLIN, *Traité des Études*, livre IV, ch. III, §. 7.)

Par les passions ou le *pathétique* (πάθος), l'orateur fait passer dans notre âme les sentiments dont il est animé ; nous sentons ce qu'il sent, nous aimons ce qu'il aime, nous voulons ce qu'il veut. Les passions sont l'*âme* même de l'éloquence.

Toutes les **passions** peuvent se réduire à deux : l'**amour** et la **haine**. On excite l'amour en peignant les objets sous des couleurs agréables, la haine en leur prêtant un aspect repoussant.

Ex. — L'*apostrophe* de **Démosthène** aux Athéniens, dans sa 1re Philippique (chap. III) ; — les *plaintes* d'Antigone et de **Philoctète** dans Sophocle ; — les *invectives* de **Cicéron** contre **Antoine** ; — les *reproches* qu'Énée adresse à Sinon dans le *récit* de la chute de Troie (VIRG. *Énéide*, chant II, v. 57 et suiv.)

1° La première règle pour *émouvoir*, c'est d'*être ému soi-même* :

> . . . . Si vis me flere, dolendum est
> Primum ipsi tibi.
>   (HORACE, *Art poét.*, vers 102.)

> Pour me tirer des pleurs, il faut que vous pleuriez.
>   (BOILEAU, *Art poét.*, chant III, vers 142.)

2° Une seconde règle est celle du *ton*, c'est-à-dire, de l'opportunité et de la mesure. Il faut savoir s'arrêter à temps dans l'emploi légitime et naturel de la passion ; Car rien ne sèche si vite qu'une larme, « *Nihil enim lacryma citius arescit.* » (Cic., *Ad Herennium*, II, 31.)

Passions.

Amour et haine.

Règles :
1° *Émotion.*

2° *Ton.*

Invention.

RÉSUMÉ SYNOPTIQUE.

RECHERCHE DES MOYENS POUR *PERSUADER*			
PROUVER par les **ARGUMENTS**		PLAIRE par les **MŒURS**.	TOUCHER par les **PASSIONS**.
Proprement dits.	Lieux communs.		
1° Syllogisme, 2° Enthymème, 3° Epichérème, 4° Dilemme, 5° Sorite, 6° Exemple, 7° Induction, 8° Déduction, 9° Argument personnel (*ad hominem*).	1° INTRINSÈQUES. Définition, Énumération des parties, Genre et espèce, Comparaison, Contraires, Choses qui répugnent entre elles, Circonstances, Antécédents et conséquents, Cause et effet, etc. 2° EXTRINSÈQUES. Loi, Titres, Témoins, Serment, Renommée.	QUALITÉS DE L'ORATEUR. 1° Probité, 2° Modestie, 3° Bienveillance, 4° Prudence. 1° MŒURS RÉELLES. Sincérité, Conviction. 2° MŒURS ORATOIRES. Qualités peintes dans le discours. BIENSÉANCES.	L'amour et la haine. **Règles.** 1° Émotion personnelle, 2° Ton, ou opportunité et mesure.

II

Disposition.

Disposition.
Sa définition.

La **disposition** consiste à *mettre en ordre les matériaux fournis par l'invention, et à en régler l'usage.* Elle divise le discours d'après un plan méthodique et raisonné, conforme à la nature de l'esprit humain, aux règles de l'expérience et aux nécessités du sujet.

DISPOSITION.

Les rhéteurs anciens distinguaient sept parties dans un discours : 1° l'**exorde**, 2° la **proposition**, 3° la **division**, 4° la **narration**, 5° la **confirmation**, 6° la **réfutation**, 7° la **péroraison**. — *Sept parties dans le discours*

Un discours ainsi composé est un type complet et régulier. Cependant, toutes ces parties n'y entrent pas toujours nécessairement ; on doit les modifier suivant le sujet et les circonstances. On peut donc les réduire à trois principales : l'**exorde**, la **confirmation** et la **péroraison**.

L'**exorde** (en latin *exordium*, du verbe *exordiri*, commencer) est la partie du discours par laquelle l'orateur *entre en matière* et cherche à se concilier la bienveillance de ses auditeurs. Il doit attirer adroitement leur attention ou s'en emparer brusquement. De là, deux espèces d'exordes : 1° par *insinuation* (exorde du *Pro Milone*), 2° *ex abrupto* (exorde de la première Catilinaire). — *1° Exorde.*

Il y a encore deux autres espèces d'exorde : 1° le *simple*, ou exposition courte et sans art du sujet (Massillon, 1ᵉʳ *sermon du Petit Carême*), 2° le *grave* ou *sublime*, employé dans des circonstances solennelles (Bossuet, *Or. fun. d'Henriette d'Angleterre*).

La **proposition** est l'*exposition sommaire* du sujet ; elle doit être *claire*, *courte* et *précise* ; elle ne se détache de l'exorde que dans les grands discours ; cependant Bossuet les réunit souvent. — *2° Proposition.*

Ex. — Septime dit au roi Ptolémée :

> Pompée a besoin d'aide : il vient chercher la vôtre ;
> Vous pouvez, comme maître absolu de son sort,
> Le servir, le chasser, le livrer vif ou mort, etc.
> (P. Corneille, *Pompée*, acte I, scène 1.)

La **division** est le *partage du sujet* en plusieurs points ou subdivisions qui doivent être traités successivement par l'orateur. Elle doit être *complète*, *claire*, *progressive* et *naturelle*. Elle est **nécessaire**, malgré Fénelon qui en a blâmé l'usage, même chez les prédicateurs, dans son 2ᵉ *Dialogue sur l'Éloquence*. — *3° Division.*

Ex. de division nette et régulière dans les discours de Cicéron (*Pro Archia*, *Pro Murena*, *Pro lege Manilia*, etc.), — dans Massillon (*Sermon sur la Passion*), etc.

4° Narration.

La narration est *l'exposition d'un fait*. Elle doit être *claire, brève, vraisemblable* et *intéressante*.

Cicéron donne dans le *Pro Milone* un exemple d'un récit à la fois court et plein d'intérêt lorsqu'il décrit le combat entre Clodius et Milon.

Le modèle de la *brièveté* dans la narration sera toujours le **bulletin** laconique de **César**: «*Veni, vidi, vici,*» qu'Agrippa d'**Aubigné** a traduit fort heureusement et d'une façon tout aussi concise dans ses *stances* sur la mort d'Henri IV : « Je *vins, vis* et *vainquis.* »

Il y a trois espèces de narration : 1° *oratoire*, 2° *historique*, 3° *poétique*.

Oratoire.

La narration **oratoire** doit être *vraie*, bien que les grands orateurs eux-mêmes n'aient pas toujours observé cette règle. Elle peut toutefois adoucir la vérité quand elle est blessante ou odieuse, et mettre en relief les détails les plus favorables à la thèse qu'on soutient. Elle est *utile*, surtout dans le *genre judiciaire* et dans *l'éloquence de la chaire*.

Historique.

La narration **historique** est *l'exposé pur et simple* des faits. Elle doit être *vraie, fidèle* et *complète*, car on ne plaide pas comme dans la narration oratoire, et il n'est permis sous aucun prétexte d'atténuer la vérité ou d'embellir le récit. Elle doit être aujourd'hui plus que jamais **soumise à la rigueur scientifique** qui s'appuie sur des textes sûrs et des documents authentiques. L'art du style, dans la narration historique, ne doit jamais nuire à la vérité.

Ex. — On saisira mieux la **différence** de la narration **oratoire** et de la narration **historique** en lisant le récit de la bataille de Rocroy par Bossuet (*Or. fun. de Condé*) et celui de Voltaire sur le même sujet (*Siècle de Louis XIV*, chap. III).

Poétique.

La narration **poétique** *orne* le récit, l'enrichit de traits et d'images qui frappent l'esprit. Elle *imagine* les événements, rejetant tout ce qui est vulgaire et sans couleur; elle *crée* ou agrandit les personnages, *décrit* et *peint* les objets, qu'elle place, pour ainsi dire, sous nos yeux. Elle poursuit l'idéal; elle va même jusqu'à introduire le **merveilleux** dans les épisodes de la vie humaine. (Cf. le *combat* de Rodrigue contre les Maures dans Corneille, — les *récits* de la mort d'Hippolyte, de celle de **Britannicus** dans Racine, etc.)

La **confirmation** consiste à *développer* les preuves avec choix et avec ordre. Elle confirme la vérité des faits annoncés dans la proposition et exposés dans la narration. C'est la partie la plus essentielle du discours; elle en est le corps et la substance.

5° *Confirmation.*

L'orateur doit *choisir* ses preuves, rejeter celles qui sont fausses et ne pas insister sur celles qui sont faibles ou secondaires.

Ex. — Discours de Joad dans *Athalie*. Pour raffermir la confiance de ses lévites, il ne calcule pas les faibles moyens de résistance qu'il peut opposer aux desseins d'Athalie :

> J'attaque sur son trône une reine orgueilleuse,
> Qui voit sous ses drapeaux marcher un camp nombreux
> De hardis étrangers, d'infidèles Hébreux ;
> Mais ma force est au Dieu dont l'intérêt me guide.
> . . . .
> Dieu sur ses ennemis répandra sa terreur, etc.
>   (J. RACINE, *Athalie*, acte IV, scène III.)

L'*ordre* des preuves dépend des convenances du sujet. Le plus suivi et le plus puissant consiste à mettre les preuves les plus concluantes au début ou à la fin de la confirmation, et les plus faibles au milieu.

Ordre des preuves

Ex. — Discours de Clytemnestre à Agamemnon pour lui démontrer l'atrocité du crime qu'il va commettre en immolant Iphigénie :

> Quoi! l'horreur de souscrire à cet ordre inhumain
> N'a pas, en le traçant, arrêté votre main, etc.
>   (J. RACINE, *Iphigénie*, acte IV, scène IV.)

Quand on a choisi et ordonné ses preuves, il faut les *développer*; c'est le but de l'**amplification oratoire**, qu'il ne faut pas prendre dans la mauvaise acception de ce mot. Elle fait voir un objet sous toutes ses faces, soit par l'énumération des parties, soit par le redoublement de la pensée.

Amplification oratoire.

Ex. — Exorde de l'*Or. fun. d'Henriette de France*, dans Bossuet. — *Voir* aussi dans Molière :

> Eh quoi ! vous ne ferez nulle distinction
> Entre l'hypocrisie et la dévotion ?
> Vous les voulez traiter d'un semblable langage,
> Et rendre le même honneur au masque qu'au visage ? etc.
>   (*Tartuffe*, acte I, scène V.)

6º
Réfutation.

La **réfutation** consiste à *répondre* d'avance aux objections, ou à *détruire* les arguments de son adversaire. Elle convient surtout au genre **délibératif**, au genre **judiciaire**; elle est du ressort de la dialectique. En effet, quand un philosophe réfute un adversaire, il cherche à lui démontrer qu'il s'est trompé, qu'il a fait un de ces faux raisonnements qu'on appelle **sophismes ou paralogismes.**

Sophismes ou paralogismes.

Le **sophisme** (σόϕισμα, σοφίζω, je trompe) est une *erreur volontaire* faite de mauvaise foi; le **paralogisme** (παραλογισμός, de παραλογίζομαι, je me trompe) est *involontaire*, c'est une faiblesse de l'esprit.

Les principaux sophismes ou paralogismes sont: 1º l'*ignorance du sujet*, 2º la *pétition de principe*, 3º le *cercle vicieux*, 4º l'*erreur sur la cause*, 5º le *dénombrement imparfait*, 6º l'*erreur des faits accidentels*, 7º l'*équivoque* ou *ambiguïté des mots*.

Ignorance du sujet.

1º L'*ignorance du sujet* consiste à prouver contre son adversaire ce qu'il ne nie point, ou ce qui est étranger au sujet. Ce sophisme dénature aussi quelquefois la question en prêtant à l'adversaire une opinion qu'il n'a pas.

Ex. — Les injustes attaques de J.-J. Rousseau contre Molière à propos du *Misanthrope*: « Convenons que l'intention de l'auteur étant de plaire à des esprits corrompus, ou sa morale porte au mal, ou le faux bien qu'elle prêche est plus dangereux que le mal même, en ce qu'il séduit par une apparence de raison, en ce qu'il fait préférer l'usage et les maximes du monde à l'exacte probité, » etc. (*Lettre à d'Alembert sur les spectacles.*)

Pétition de principe.

2º La *pétition de principe* consiste à définir un objet par le terme qui a besoin d'être défini.

Ex. — Dans Molière, le *paralogisme* du malade imaginaire sur la vertu soporifique de l'opium.

Cercle vicieux.

3º Le *cercle vicieux* est une variété de la pétition de principe. Il prouve une proposition par une autre qui s'appuie sur la proposition même qui est à définir. L'esprit *tourne dans un cercle* sans issue.

Ex. — Pascal, dans son fragment *De l'esprit géométrique*, ch. I, §. 1, en cite un exemple dont il se moque, « J'en sais, dit-il, qui ont *défini la lumière* en cette sorte · *la lumière est un mouvement lumineux des corps lumineux.* »

4° L'*erreur sur la cause* consiste dans une *induction vicieuse* qui conclut d'un effet réel à une cause imaginaire, d'après une apparence ou une analogie.

Erreur sur la cause.

Lire dans La Fontaine une éloquente réfutation de l'astrologie, où il dit, en parlant de Dieu :

> Aurait-il imprimé sur le front des étoiles
> Ce que la nuit des temps enferme dans ses voiles ? etc.
> (*L'Astrologue qui se laisse tomber dans un puits*, II, 13.)

5° Dans le *dénombrement imparfait*, on affirme la vérité d'une énumération où l'on a omis quelque partie de la question.

Dénombrement imparfait.

Ex. — Le *dilemme* du vieil Horace défendant son fils :

> Où tu penses choisir un lieu pour son supplice
> Sera-ce entre ces murs que mille et mille voix
> Font résonner encor du bruit de ses exploits ?
> Sera-ce hors des murs, au milieu de ces places
> Qu'on voit fumer encor du sang des Curiaces ;
> Entre leurs trois tombeaux et dans ce champ d'honneur,
> Témoin de sa vaillance et de notre bonheur ?
> Tu ne saurais cacher sa peine à sa victoire : etc.
> (P. CORNEILLE, *Horace*, acte V, scène III.)

Horace oublie un lieu où son fils peut subir le supplice, celui où il a tué sa sœur.

6° L'*erreur des faits accidentels* est un sophisme par induction dans lequel on conclut du particulier au général, d'un fait accidentel à une loi universelle.

Erreur des faits accidentels.

Ex. — Le raisonnement d'Orgon lorsque dans sa colère il impute à l'humanité entière la méchanceté d'un seul homme :

> Quoi ! sur un beau semblant de ferveur si touchante
> Cacher un cœur si double, une âme si méchante !
> Et moi qui l'ai reçu gueusant et n'ayant rien....
> C'en est fait, je renonce à tous les gens de bien ;
> J'en aurai désormais une horreur effroyable,
> Et m'en vais devenir pour eux pire qu'un diable.
> (MOLIÈRE, *Tartuffe*, acte V, scène I.)

7° L'*équivoque* ou *ambiguïté des mots* est un abus des acceptions diverses d'un mot pour déplacer la question.

Équivoque ou ambiguïté des mots.

Ex.: Un sot savant est sot plus qu'un sot ignorant.
> Le sentiment commun est contre vos maximes,
> Puisque *ignorant* et *sot* sont termes synonymes.
> (MOLIÈRE, *les Femmes savantes*, acte IV, scène III.)

La péroraison est la dernière partie du discours.

7°
Péroraison.

Après avoir prouvé, il faut *conclure* et entraîner

l'auditoire. L'orateur atteint ce but en résumant les points principaux (*récapitulation*) et par l'emploi du **pathétique**.

Péroraison.
1° Simple;
2° Pathétique.

La péroraison est donc *simple* ou *pathétique*, suivant les circonstances; elle peut être les deux à la fois. Le *pathétique* simple est le plus touchant.

Ex. Péroraison de Bossuet dans l'*Oraison funèbre du prince de Condé* :

« Venez, peuples, venez maintenant, mais venez plutôt, princes et seigneurs; et vous qui jugez la terre, et vous qui ouvrez aux hommes les portes du ciel, etc. »

Voir aussi celle du discours de Burrhus à Néron dans *Britannicus* de Racine :

Me voilà prêt, seigneur ; avant que de partir,
Faites percer ce cœur qui n'y peut consentir :
Appelez les cruels qui vous l'ont inspirée ;
Qu'ils viennent essayer leur main mal assurée ; etc.
(*Britannicus*, acte IV, scène III.)

Disposition.

RÉSUMÉ SYNOPTIQUE.

1° EXORDE.	2° CONFIRMATION.		3° PÉRORAISON.
1° Par insinuation,	**Proposition** et **Division**.	**Réfutation.** Sophismes et Paralogismes :	**Récapitulation** ou **Conclusion**.
2° Ex abrupto,	**Narration** :	1° Ignorance du sujet,	Péroraison
3° Simple,	1° Oratoire,	2° Pétition de principe,	1° simple,
4° Grave ou Sublime.	2° Historique,	3° Cercle vicieux,	2° pathétique.
	3° Poétique.	4° Erreur sur la cause,	
	Confirmation :	5° Dénombrement imparfait,	
	1° Ordre des preuves.	6° Erreur des faits accidentels,	
	2° Amplification.	7° Équivoque ou ambiguïté des mots, etc.	

III

Élocution.

Lorsque les matériaux d'un sujet ont été *trouvés* et *disposés*, il faut les *exprimer*.

L'**élocution**, comme l'indique son nom (*elocutio*), est *l'expression de la pensée par la parole*. Prise dans une acception plus restreinte, l'élocution est cette partie de la rhétorique qui traite du **style**. Le mot *style* a donc ici le même sens, avec une nuance particulière.

Élocution. Sa définition.

DU STYLE.

Chez les anciens, le **style** (*stylus*) était le *poinçon* qui servait à tracer les *lettres* sur la tablette de cire. Passant du sens primitif au sens dérivé, et dans une acception plus étendue, il est devenu la forme personnelle et vivante que l'écrivain donne à sa pensée. L'élocution est commune à tout le monde, le style appartient au véritable écrivain, et le mot célèbre de **Buffon** : *le style, c'est l'homme*, ne veut pas dire que le caractère d'un auteur, ses qualités et ses défauts se reflètent dans son style, mais que le style donne à l'écrivain son *originalité*.

Du Style.

Véritable signification de ce mot.

Le **style** fait vivre les œuvres de l'esprit : *Les ouvrages bien écrits*, a dit Buffon, *seront les seuls qui passeront à la postérité*.

Les qualités générales du style sont :

1° La **clarté**.	4° La **concision**.	7° Le **naturel**.
2° La **propriété**.	5° La **correction**.	8° La **noblesse**.
3° La **précision**.	6° La **pureté**.	9° L'**harmonie**.

Qualités générales du style.

La **clarté** consiste à ne laisser aucun doute sur la pensée, à la faire entendre tout de suite. Elle est le *vernis des maîtres*, suivant Vauvenargues. C'est la qualité maîtresse de la langue française, celle qui, jointe à des raisons historiques et politiques, en a fait la langue des relations internationales. Rivarol a dit avec raison : *Ce qui n'est pas clair n'est pas français*.

1° Clarté.

2°　Propriété. La **propriété** est le *rapport parfait du mot et de la pensée*; elle est une condition de la clarté. La propriété des mots complète la justesse des pensées.

3°　Précision. La **précision** consiste dans l'expression la plus juste et la plus complète de la pensée; elle a trait à ce qu'on dit. Il ne faut pas la confondre avec la *concision*, qui se rapporte à la manière dont on le dit.

4°　Concision. La **concision** emploie le moins de mots possible pour rendre la pensée.

Ex.: L'amour n'est qu'un plaisir, l'honneur est un devoir.
(P. CORNEILLE, *le Cid*, acte III, scène VI.)

Exagérée, la concision devient un défaut.

Il y a différentes manières d'être concis. La concision de Bossuet n'est pas celle de Montesquieu, dont les *Considérations sur la grandeur et la décadence des Romains* sont contenues dans quelques pages du *Discours sur l'histoire universelle* (III° partie, chap. VI et VII).

5°　Correction. La **correction** est l'observation des règles de la grammaire.

Mon esprit n'admet point un pompeux barbarisme,
Ni d'un vers ampoulé l'orgueilleux solécisme ;
Sans la langue, en un mot, l'auteur le plus divin
Est toujours, quoiqu'il fasse, un méchant écrivain.
(BOILEAU, *Art poét.*, chant I, vers 159 et suiv.)

Archaïsmes. On rencontre souvent, dans nos grands écrivains du dix-septième siècle, des **exemples** d'*archaïsmes*, des *locutions* regardées aujourd'hui comme *vicieuses* et des traces fréquentes de *latinismes*. Toutefois, s'il ne faut pas se servir de ces expressions hors d'usage, on doit bien se garder de critiquer à la légère les auteurs qui les ont employées ; car souvent elles n'étaient pas des fautes à l'époque où elles ont paru. Il ne faut pas non plus oublier

Liberté de la syntaxe au XVII° siècle. que la syntaxe était plus libre au dix-septième siècle que de nos jours, et que ce sont les **grands écrivains**, et non les **grammairiens**, qui font les langues littéraires.

Ex. d'incorrection d'après la grammaire moderne :

« *C'est* (et non *ce sont*) des péchés légers. »
(BOSSUET, *Or. fun. de Marie-Thérèse.*)

Corneille a employé le pronom *en* pour désigner les personnes :

Il connaît Nicomède, il connaît sa marâtre,
Il *en* sait, il *en* voit la haine opiniâtre.
(*Nicomède*, acte III, scène II.)

La pureté du style consiste à n'employer que les termes consacrés par l'autorité des grands écrivains.

6° *Pureté.*

Là encore, une juste mesure est délicate à observer, la limite difficile à fixer ; car l'usage varie, et bien des locutions du dix-septième siècle ont aujourd'hui disparu ou sont prises dans une acception différente. Il faut éviter les *termes vieillis* et employer discrètement les *néologismes* qui n'ont pas tout à fait conquis leur droit de cité dans la langue.

Le naturel est la *reproduction exacte et fidèle de la vérité*, sans affectation, et pour ainsi dire, sans préparation apparente. C'est là une des qualités qui relèvent à la fois de la pensée et de l'expression.

7° *Naturel.*

Tous les bons écrivains sont naturels. C'est un véritable charme, quand, selon l'expression de Pascal, *on s'attendait de voir un auteur et on trouve un homme*. (*Pensées* VII, 28, 2ᵉ édit. Havet.)

Au naturel se rattache cette qualité particulière qu'on appelle la **naïveté**, qualité bien rare, et qui a été le privilége de La Fontaine.

La noblesse consiste à éviter les expressions grossières et triviales, les images basses et repoussantes. Boileau a dit avec raison :

8° *Noblesse.*

> Quoi que vous écriviez, évitez la bassesse ;
> Le style le moins noble a pourtant sa noblesse.
> (*Art poét.*, chant I, vers 79 et 80.)

Ex. Phèdre se plaint de sa parure et des soins dont on l'obsède.

> Quelle importune main, en formant tous ces nœuds,
> A pris soin sur mon front d'assembler mes cheveux ?
> (J. RACINE, *Phèdre*, acte I, scène III.)

La noblesse du style varie selon les genres et les sujets. Elle a des nuances infinies dans la comédie, depuis *le Misanthrope* jusqu'au *Bourgeois gentilhomme*. Dans la bouffonnerie même il y a une mesure dont ne doit jamais s'écarter un écrivain de bon goût. Ce qu'il faut toujours éviter, c'est l'emphase et la fausse élégance.

L'harmonie est la *succession facile et agréable des sons dont l'accord est flatteur pour l'oreille*; c'est la qualité générale du style qui couronne l'œuvre. Les rhé-

9° *Harmonie.*

teurs distinguent trois espèces d'harmonie : 1° l'*harmonie des mots*, 2° l'*harmonie des phrases*, 3° l'*harmonie imitative*. Elles résultent les unes des autres.

Harmonie des mots.

1° On peut citer comme définition de **l'harmonie des mots** ces vers où Boileau allie l'exemple au précepte :

> Il est un heureux choix de mots harmonieux.
> Fuyez des mauvais sons le concours odieux :
> Le vers le mieux rempli, la plus noble pensée
> Ne peut plaire à l'esprit, quand l'oreille est blessée.
> (BOILEAU, *Art poét.*, chant I, vers 109 et suiv.)

Bossuet n'a pas observé cette règle dans la phrase suivante :

> Alors qu'avons-nous vu ? qu'avons-nous ouï ?
> (*Or. fun. d'Henriette d'Angleterre.*)

Harmonie des phrases.

2° **L'harmonie des phrases** est le résultat de l'harmonie des mots et de leur assemblage plus ou moins heureux. Indispensable à l'unité, à la force et à la grâce de la pensée, elle consiste dans l'habile arrangement des *propositions* et de la **période** (περίοδος, *circuit* ou *contour.*)

Période.

La période, suivant Aristote, est une phrase qui a un commencement et une fin par elle-même, une étendue facile à embrasser (*Rhét.* III), c'est-à-dire qu'elle exprime un mouvement de la pensée, depuis son point de départ jusqu'à son terme. Elle s'adapte bien au développement des idées, plaît par la cadence, le nombre, et charme l'oreille quand elle est harmonieuse.

Ex. : Comparaison du caractère d'Antonin et de Marc-Aurèle dans Bossuet :

> « Le père, toujours en paix, est toujours prêt, dans le besoin, à faire la guerre ; le fils est toujours en guerre, toujours prêt à donner la paix à ses ennemis et à l'empire. »
> (*Discours sur l'Histoire univ.*, Ire partie, x^e époque.)

Mithridate peint les Romains enrichis par la guerre :

> Des biens des nations ravisseurs altérés,
> Le bruit de nos trésors les a tous attirés !
> Ils y courent en foule, et, jaloux l'un de l'autre,
> Désertent leur pays pour inonder le nôtre.
> (J. RACINE, *Mithridate*, acte III, scène I.)

Membres de la période.

Les articulations de la période s'appellent **membres.** Lorsque chacun de ces membres forme une ou plusieurs phrases indépendantes, il prend le nom d'**incises** (*incisæ*, coupées). Souvent aussi on entend par là une phrase isolée, intercalée dans la période, et que l'on peut enlever sans en changer le sens général. Il y a pour l'incise, comme pour la période, une juste mesure ; l'abus en serait fatigant et monotone. La mesure d'une période est limitée *par la faculté d'embrasser tout le cercle d'une pensée*. Quant à l'incise, il faut qu'elle soit d'autant plus harmonieuse qu'elle est plus isolée.

Incises.

Il y a des périodes à *deux*, à *trois*, à *quatre*, rarement à *cinq* membres ; au delà, il n'y a que la période par énumération, employée par Bossuet dans l'exorde de l'*Or. fun. d'Henriette de France*.

Diverses espèces de périodes.

Quel que soit le nombre de membres dont se compose une période, il faut qu'ils soient à peu près égaux, à moins d'un effet cherché. C'est l'équilibre de la période.

Le style périodique s'emploie généralement dans les sujets dont le genre est modéré et sans passion ; le **style coupé** convient à ceux qui demandent une argumentation pressante et des mouvements passionnés. La véritable harmonie du style consiste dans l'habile mélange de la période et de la phrase coupée. *Ex.* **Voltaire.**

Style périodique et style coupé.

3° **L'harmonie imitative** est plus artificielle en apparence. Tantôt elle frappe l'oreille par des sons (*onomatopée*), tantôt elle peint l'idée ou l'objet par les mots qu'elle emploie. Cette sorte d'harmonie est quelquefois cherchée ; elle naît presque toujours de la propriété des expressions.

Harmonie imitative.

Ex. Le vers suivant de Racine :

Pour qui sont ces serpents qui sifflent sur vos têtes ?
(*Andromaque*, acte V, scène v.)

est de la première espèce.

Ex. de la seconde :

Dans un chemin montant, sablonneux, malaisé,
Et de tous les côtés au soleil exposé,
　　Six forts chevaux tiraient un coche :
Femmes, moines, vieillards, tout était descendu ;
　　L'attelage suait, soufflait, était rendu.
　　　(LA FONTAINE, *Le Coche et la Mouche*, VII, 9.)

ANCIENNE DIVISION DU STYLE.

Qualités particulières du style.

Les qualités générales du style sont partout les mêmes; les qualités particulières changent suivant la nature des sujets qu'on traite. Aussi, les anciens rhéteurs distinguaient-ils **trois genres de style** correspondant au *triple but* de l'éloquence, et à chacun desquels ils assignaient ses qualités respectives. En voici le tableau :

Des trois genres de style.

1° **Style simple.**	2° **Style tempéré.**	3° **Style sublime**
Précision, Naïveté, Netteté, Concision, Naturel, etc.	Élégance, Richesse, Finesse, Délicatesse, Grâce, etc.	Énergie, Véhémence, Magnificence, Profondeur, Enthousiasme, etc.

Style simple.

D'après ces mêmes rhéteurs, le **style simple** convient aux compositions dont l'unique but est d'*instruire*, celles où l'écrivain ne s'applique qu'à suivre méthodiquement la déduction de ses idées, par exemple, les discours et écrits qui traitent d'affaires, de points d'histoire et de science, etc.

Style tempéré.

Le **style tempéré** tient le milieu entre le style simple et le style sublime, *medius et quasi temperatus.... ut cinnus amborum*, dit Cicéron (*Orator*, chap. VI). Il est propre surtout aux sujets purement agréables.

Style sublime.

Le **style sublime** est celui qu'on emploie dans les discours ou écrits qui demandent de la grandeur et de l'élévation (*sublimis*, élevé). Il se distingue des deux autres par la magnificence des images, la vivacité et la hardiesse des mouvements, et le *sublime* proprement dit.

On ne doit pas confondre le **sublime** avec le **style sublime**.

Trois sortes de sublime.

Il y a **trois sortes de sublime** :

1° de pensée.

1° Le *sublime de pensée*, ou grande idée exprimée simplement.

Ex. Dans la Bible, le trait si admiré du rhéteur Longin, par lequel Moïse explique la création : *Fiat lux, et facta est lux.*

2° Le *sublime de sentiment*, qui exprime un grand mouvement de l'âme avec une fierté souvent héroïque.

Ex. Cri du vieil Horace, quand on lui annonce que deux de ses fils ont été tués et que le troisième a pris la fuite.

> Que vouliez-vous qu'il fît contre trois ? — Qu'il mourût.
> (P. Corneille, *Horace*, acte III, scène vi.)

2° de sentiment.

3° Le *sublime d'image*, qui représente une action et peint un objet, avec des couleurs vives et fortes, comme dans ces vers où Corneille parle de l'attitude de Pompée devant ceux qui allaient l'assassiner :

> .... et s'avance au trépas
> Avec le même front qu'il donnait les États.
> (P. Corneille, *Pompée*, acte II, scène ii.)

3° d'image.

Parmi les nombreux exemples de ce genre de sublime que nous offre la Bible, on peut citer celui-ci :

« Seigneur, mon Dieu, que vous êtes grand dans votre magnificence ! vous vous êtes revêtu de gloire et de beauté. Vous vous êtes couvert de la lumière comme d'un manteau ! Vous étendez les cieux comme un pavillon.... Les nuées sont votre char, vous marchez sur l'aile des vents. Les anges sont vos messagers, et les flammes vos ministres ». (David, *Psaumes*, 103.)

On a beaucoup critiqué de nos jours, et souvent avec raison, cette distinction des *trois genres de style*, établie par Aristote et les rhéteurs de l'antiquité, admise et vantée par Cicéron. Celui-ci a cependant prouvé par son exemple qu'ils ne sont pas exclusifs et qu'on peut prendre tous les tons dans un discours. Cette division est, en effet, arbitraire ; la *précision*, par exemple, est une qualité qui convient à tous les genres de style. En outre, il ne peut pas y avoir de *style sublime* ; car le *sublime* proprement dit exclut l'idée de continuité ; il est instantané comme les sentiments, les pensées ou les images qui le produisent ; on le trouve souvent dans la simplicité.

Critique de l'ancienne division du style.

Classification arbitraire.

On pourrait multiplier les critiques de détail ; il nous suffira de faire remarquer d'une façon générale que cette classification a le grave inconvénient de s'occuper de la *forme* indépendamment du *fond*, et d'oublier qu'il existe autant de variétés dans le style qu'il y en a dans la composition. Le style de l'éloquence n'est pas celui de l'histoire ; celui de la poésie dramatique n'est pas le même que celui de la poésie lyrique, etc.

Elle s'occupe de la forme.

Division plus logique. — Une division plus simple et mieux fondée, est celle qui consiste à distinguer le **style de la poésie** du **style de la prose**. L'un aime les épithètes, les synonymes, les tours hardis ; ses figures de prédilection sont l'*ellipse*, l'*inversion*, la *périphrase*. L'autre emprunte ses expressions à la langue commune; son allure est libre et dégagée.

Variété du style. — Il ne suffit pas de connaître les *qualités générales* et *particulières* du *style*, il faut aussi savoir les fondre ensemble, en un mot, varier le style, si l'on veut éviter la monotonie : « Les beaux vers, disait Fontenelle, oh ! les beaux vers, mais je ne sais pourquoi je baille en les lisant !.. » Ils manquaient de variété.

C'est aussi la recommandation que nous fait **Boileau** dans le précepte suivant :

> Sans cesse en écrivant variez vos discours ;
> Un style trop égal et toujours uniforme
> En vain brille à nos yeux, il faut qu'il nous endorme.
> (BOILEAU, *Art poét.*, chant I, vers 70 et suiv.)

Moyens de le varier. — Le moyen de répandre de la variété dans le style, c'est la *convenance*. Par cette qualité on assortit le style aux idées, aux sentiments ou aux images que comporte le sujet. On peut aussi le varier en employant :

Alliances de mots. — 1° Les *alliances de mots* ou combinaisons heureuses et imprévues d'expressions qui paraissent inconciliables, et dont la réunion n'enlève rien à la justesse de la pensée ;

Néologismes. — 2° Les *néologismes*, c'est-à-dire les mots nouveaux qu'on doit adopter seulement lorsqu'ils expriment une idée nouvelle pour laquelle ils étaient nécessaires ;

Épithètes. — 3° Les *épithètes*, qui embellissent le discours pourvu qu'elles ne soient pas trop multipliées, mais expressives ;

Synonymes. — 4° Les *synonymes*, qui représentent la même idée avec des mots différents, et permettent d'éviter la répétition ;

Équivalents. — 5° Les *équivalents*, ou formes différentes que peuvent prendre certains mots ou certaines racines ;

Transitions. — 6° Les *transitions*, qui sont des mots (*præterea, igitur*, etc.), et quelquefois des tours de phrase servant à relier les différentes parties du discours ;

Figures. — 7° Les *figures*, que le rhéteur Longin regardait comme une des sources principales de la sublimité du discours et l'un des plus beaux ornements de tous les genres de style.

DES FIGURES.

On distingue dans les langues deux sortes d'expression : l'expression *propre*, et l'expression *figurée*.

L'expression *propre*, créée d'abord pour désigner tel ou tel objet, traduit exactement la pensée sans l'embellir.

L'expression *figurée*, au contraire, ajoute d'autres idées à celles de son objet ou y substitue des idées analogues. Les rhéteurs ont donné à ces dernières expressions le nom de **figures**; leur ensemble forme ce qu'on appelle le **style figuré**.

Figures et style figuré.

Les **figures** sont les *tours et les transformations de la pensée et de l'expression*, suivant Cicéron (*conformationes sententiarum ac verborum*). Tout le monde fait des figures de rhétorique sans s'en douter, comme M. Jourdain faisait de la prose. Quand nous disons : la *campagne* est *riante*, la *maison* est *triste*, nous faisons une figure. Rien n'est donc plus fréquent et plus naturel.

Utilité des figures.

L'abus que les déclamateurs ont fait des figures, les noms pédantesques que les rhéteurs leur ont donnés, les subtilités de leur classification ont jeté sur elles un certain discrédit, et souvent, pour se moquer d'une composition oratoire ou littéraire, on dit : *c'est un tissu de figures de rhétorique*. Mais ces figures, créées par la nature seule, et auxquelles la rhétorique n'a fait qu'ajouter des noms, sont l'âme même du style. Elles leur donnent de la force, de la grâce et de la variété.

Causes de leur discrédit.

On distingue **deux espèces** de figures : 1° les figures de **pensée**; 2° les figures de **mots**.

Deux espèces de figures.

Les premières dépendent du sens, des mouvements de la passion ou du tour de l'esprit; quelles que soient les expressions, elles restent toujours. Les autres, au contraire, consistent dans l'emploi des mots; changez-les, la figure disparaît.

Dans l'exemple suivant, la figure subsisterait avec des termes différents :

1° de pensées.

Oh! rois, confondez-vous dans votre grandeur; conquérants, ne vantez pas vos victoires! (Bossuet, *Or. fun. de Condé.*)

Il n'en est pas de même de celui-ci :

2° de mots.

Le glaive qui a tranché les jours de la reine est encore levé sur nos têtes; nos péchés en ont affilé le tranchant fatal. (Bossuet, *Or. fun. de Marie-Thérèse.*)

I. FIGURES DE PENSÉES.

Figures de pensée.

Les rhéteurs divisent généralement les principales figures de pensée en **trois espèces**, qui correspondent, comme celles du style, au *triple but* de l'éloquence.

1° **Figures de raisonnement**	2° **Figures d'imagination.**	3° **Figures de passion.**
Antithèse, Allusion, Réticence, Suspension, Prolepse, Correction, Concession, Prétérition, etc.	Prosopopée, Hypotypose, Comparaison, Périphrase, etc.	Interrogation, Apostrophe, Imprécation, Obsécration, Exclamation, Optation, Dubitation, Ironie, Astéisme, Hyperbole, Litote, etc.

Critique de cette classification.

Il ne faut pas attacher à cette classification artificielle une importance exagérée. Nous la donnons plutôt comme un moyen *mnémonique* que comme un modèle d'exactitude scientifique. Disons toutefois, en passant, que ces figures rentrent souvent les unes dans les autres : la *prosopopée*, par exemple, peut être aussi bien une figure de passion que d'imagination ; la *périphrase* est une figure d'imagination, quand elle renferme un tableau d'une étendue restreinte, ou une figure de raisonnement, quand elle est employée comme définition.

1° Figures de raisonnement.

Antithèse.

L'antithèse (ἀντίθεσις, ἀντί, en opposition et τίθημι, je place), oppose directement les mots aux mots et les pensées aux pensées. Elle les rend plus saisissants par le contraste.

Ex.: Je t'aimais inconstant, qu'aurais-je fait fidèle ?
(J. Racine, *Andromaque*, acte IV, scène v.)

Un lit nous voit naître et mourir : c'est un berceau garni de fleurs, c'est un sépulcre. (X. de Maistre, *Voyage autour de ma chambre.*)

Cf. le sonnet de Joachim du Bellay tout en antithèses :

> J'ayme la liberté, et languis en service,
> Je n'ayme point la Court, et me fault courtiser,
> Je n'ayme la feintise, et me fault deguiser,
> J'ayme simplicité, et n'apprens que malice :
> Je n'adore les biens, et sers à l'avarice,
> Je n'ayme les honneurs, et me les fault priser,
> Je veulx garder ma foy, et me la fault briser,
> Je cherche la vertu, et ne trouve que vice :
> Je cherche le repos, et trouver ne le puis,
> J'embrasse le plaisir, et n'esprouve qu'ennuis,
> Je n'ayme à discourir, en raison je me fonde :
> J'ay le corps maladif, et me fault voyager,
> Je suis né pour la muse, on me fait mesnager :
> Ne suis-je pas (Morel) le plus chétif du monde ?
> (ŒUVRES FRANÇ., *Les Regrets*, XXXIX,
> Édit. Marty-Laveaux, t. II, p. 186.)

Allusion. L'**allusion**, comme l'antithèse, procède par rapprochement ; elle rappelle le souvenir d'un objet analogue à l'idée exprimée, comme en se jouant (*alludere*) et sans s'y arrêter. Trop recherchée, cette figure devient fatigante.

Ex. Mme de Sévigné fait allusion au mot célèbre de Pompée :

> J'ai beau frapper du pied, rien ne sort qu'une vie triste et monotone.

Dans *les Plaideurs* de Racine, l'Intimé fait allusion à l'éloquence quelquefois soporifique du barreau :

> J'endormirai monsieur tout aussi bien qu'un autre.
> (Acte II, scène XIV.)

Réticence. La **réticence** consiste à interrompre une phrase commencée qu'elle laisse achever par l'esprit du lecteur, pour donner plus de force à l'idée.

> *Ex.* : J'appelai de l'exil, je tirai de l'armée
> Et ce même Sénèque, et ce même Burrhus
> Qui depuis.... Rome alors estimait leurs vertus.
> (J. RACINE, *Britannicus*, acte IV, scène II.)

Suspension. La **suspension** est une variété de la réticence ; elle arrête l'expression de l'idée, qu'elle fait attendre pour la rendre plus saisissante.

> *Ex.* : Tu t'en souviens, Cinna ; tant d'heur et tant de gloire
> Ne peuvent pas sitôt sortir de ta mémoire.
> Mais ce qu'on ne pourrait jamais s'imaginer,
> Cinna, tu t'en souviens.... et veux m'assassiner.
> (P. CORNEILLE, *Cinna*, acte V, scène I.)

Prolepse. — La **prolepse** ou *antéoccupation* prévient l'objection en la réfutant d'avance (πρὸ-λαμϐάνω).

> *Ex.* : Il a tort, dira-t-on; pourquoi faut-il qu'il nomme ?
> Attaquer Chapelain ! ah ! c'est un si bon homme !
> Balzac en fait l'éloge en cent endroits divers.
> Il est vrai, s'il m'eût cru, qu'il n'eût point fait de vers.
> Il se tue à rimer, que n'écrit-il en prose ? etc.
> (Boileau, *Sat.*, IX, vers 203 et suiv.)

Correction. — La **correction** est un procédé de rhétorique qui consiste à revenir sur une idée exprimée, pour la modifier au moins en apparence. Les rhéteurs l'appellent aussi **épanorthose** (ἐπανόρθωσις, de ἐπι-ἀνορθόω, je redresse).

> *Ex.* : Étrangère.... que dis-je, esclave dans l'Épire.
> (J. Racine, *Andromaque*, acte II, scène v.)

Concession. — La **concession** est une figure de discussion qui consiste à accorder à son adversaire une chose contestable, mais pour en tirer un avantage contre lui.

> *Ex.* L'attaque de Cléante contre Tartuffe :
>
> Je passe là-dessus et prends au pis la chose.
> Supposons que Damis n'en ait pas bien usé,
> Et que ce soit à tort qu'on vous ait accusé ;
> N'est-il pas d'un chrétien de pardonner l'offense
> Et d'éteindre en son cœur tout désir de vengeance ?
> Et devez-vous souffrir, pour votre demêlé,
> Que du logis d'un père un fils soit exilé ?
> (Molière, *Tartuffe*, acte IV, scène i.)

Prétérition. — La **prétérition** est une figure d'un emploi délicat par laquelle on dit une chose qu'on feint de vouloir omettre.

> *Ex.* : Je veux passer sous silence les turpitudes et les infamies de sa jeunesse. (Cicéron, *in Verrem*.)
> Je ne vous dirai point combien j'ai résisté ;
> Croyez-en cet amour par vous-même attesté.
> (J. Racine, *Iphigénie*, acte IV, scène iv.)

2° Figures d'imagination.

Prosopopée. — La **prosopopée** (πρόσωπον, visage ; ποιέω, je fais) est une figure d'un emploi rare, mais saisissant, qui prête la vie à des objets inanimés, aux absents, aux morts même. Il ne faut pas la confondre avec l'apostrophe.

> *Ex.* : « Dormez votre sommeil, riches de la terre, et demeurez dans votre poussière. Ah ! si quelques générations, que dis-je ? si quelques années après vous reveniez, hommes oubliés du

monde, vous vous hâteriez de rentrer dans vos tombeaux, pour ne pas voir votre nom terni, votre mémoire abolie et votre prévoyance trompée dans vos amis, dans vos créatures, et plus encore dans vos héritiers et dans vos enfants. »(BOSSUET, *Or. fun. de Le Tellier.*)

> Eh bien ! le temps sur vos poussières
> A peine encore a fait un pas ;
> Sortez, ô mânes de nos pères,
> Sortez de la nuit du trépas !
> Venez contempler votre ouvrage !
> Venez partager de cet âge
> La gloire et la félicité !
> O race en promesses féconde,
> Paraissez, bienfaiteurs du monde !
> Voilà votre postérité !
> (LAMARTINE, *Premières méditations*, ode x.)

Cf. la plus belle prosopopée de l'antiquité (*Apostrophe à la Loi*), où Socrate, dans le *Criton*, refuse de suivre le conseil de ses amis qui lui avaient ménagé les moyens de s'enfuir de sa prison ; — le Danube en colère, dans Victor Hugo (*Orientales*, XXXV).

L'**hypotypose** (ὑποτύπωσις, de ὑπό-τυπόω, je représente) consiste à peindre les objets avec des traits si saisissants que nous croyons les avoir sous les yeux.

Hypotypose

Ex. :
> Parmi tant d'huîtres toutes closes
> Une s'était ouverte, et baillant au soleil
> Par un doux zéphir réjouie,
> Humait l'air, respirait, était épanouie,
> Blanche, grasse et d'un goût à la voir non pareille.
> (LA FONTAINE, *Le Rat et l'Huître*, VIII, 9.)

On rattache à cette figure le **portrait** et la **description**.

Portrait et description.

La description prend différents noms suivant l'objet auquel elle s'applique : **Ethopée** (description des *caractères*) ; **Prosopographie** (des *personnes*) ; **Topographie** (des *lieux*.)

La **comparaison** est la figure par excellence de la poésie et de l'éloquence ; elle rapproche les objets pour en marquer la ressemblance et quelquefois les contrastes.

Comparaison.

Ex. : « Gustave Adolphe parut à la Pologne surprise et trahie comme un lion qui tient sa proie dans ses ongles, tout prêt à la mettre en pièces. » (BOSSUET, *Or. fun. d'Anne de Gonzague.*)

La comparaison prolongée entre deux hommes illustres, entre deux vertus, etc., s'appelle *parallèle*. (*Vies de Plutarque*, suivies des *Parallèles* de ses héros.)

Parallèle.

Ex. Parallèle de Démosthène et de Cicéron dans Fénelon (*Lettre à l'Académie française*, § 4) ; — de *Turenne et de Condé* par Bossuet ; — de *Racine et de Corneille* par La Bruyère.

Périphrase. — La **périphrase** (περίφρασις, de περί, autour, φράζω, je parle), au lieu de nommer l'objet tout simplement, le désigne par une qualité ; elle le décrit ou l'ennoblit.

Ex. La périphrase de l'exorde de Bossuet (*Or. fun. de la reine d'Angleterre*) par laquelle il remplace le mot Dieu :

« Celui qui règne dans les cieux et de qui relèvent tous les empires, à qui seul appartient la gloire, la majesté et l'indépendance, etc. »

Autre exemple tiré de Pascal :

« Il y a des lieux où il faut appeler Paris Paris, et d'autres où il le faut appeler capitale du royaume ». (Pascal, *Pensées*, VII, 20, 2ᵉ édit. Havet.)

3° Figures de passion.

Interrogation. — L'**interrogation** oratoire présente l'idée sous forme de question ou de doute, afin de provoquer l'attention de l'auditeur. Dans le langage familier, rien n'est plus fréquent que le *tour* interrogatif ; on l'emploie presque toujours sans passion. Il ne faut pas le confondre avec cette figure de rhétorique par laquelle l'orateur exprime souvent un mouvement de dépit, d'indignation ou quelque forte émotion.

Ex. : « Qu'attendez-vous de moi, messieurs, et quel doit être aujourd'hui mon ministère ? » (Fléchier, *Or. fun. de la duchesse d'Aiguillon.*)

Que m'importe, après tout, que Néron plus fidèle
D'une longue vertu laisse un jour le modèle ?
(J. Racine, *Britannicus*, acte I, scène I.)

Et quel temps fut jamais si fertile en miracles ?
Quand Dieu par plus d'effets montra-t-il son pouvoir ? etc.
(J. Racine, *Athalie*, acte I, scène I.)

Subjection. — A l'interrogation se rattache la **subjection**. Par cette figure, l'orateur se fait à lui-même la question et la réponse (*rem sibi subjicere*). Il s'adresse quelquefois à un adversaire ou à ses auditeurs et répond pour eux.

Ex. Auguste, dans le grand monologue de *Cinna :*

> Rentre en toi-même, Octave, et cesse de te plaindre.
> Quoi ! tu veux qu'on t'épargne et n'as rien épargné !
> Songe aux fleuves de sang où ton bras s'est baigné.
> . . . .
> Donc, jusqu'à l'oublier je pourrais me contraindre !
> Non, non, je me trahis moi-même d'y penser.
>   (P. CORNEILLE, *Cinna*, acte IV, scène II.)

Ex.: « Qui (*Turenne*) fit jamais de si grandes choses ?... Remportait-il quelque avantage ?... A l'entendre, ce n'était pas qu'il fût habile, mais l'ennemi s'était trompé. Rendait-il compte d'une bataille ?... Il n'oubliait rien, sinon que c'était lui qui l'avait gagnée ». (FLÉCHIER, *Or. fun. de Turenne.*)

L'apostrophe (ἀποστροφή, de ἀπό-στρέφω) *détourne* brusquement le discours de sa marche naturelle pour s'adresser à une personne présente ou absente, à Dieu et même aux objets inanimés. « Elle est la mitraille de l'éloquence », a dit spirituellement P.-L. Courier.

           Apostrophe.

Ex.: « Glaive de Dieu ! quel coup vous venez de frapper ! Toute la terre en est étonnée ! » (BOSSUET, *Or. fun. de Marie d'Autriche.*)

> Non, vous n'espérez plus de nous revoir encor,
> Sacrés murs que n'a pu conserver mon Hector !
>   (J. RACINE, *Andromaque*, acte I, scène IV.)

L'imprécation met l'apostrophe au service de la malédiction.

           Imprecation.

Ex. Imprécations de Camille dans Corneille :

> Rome, l'unique objet de mon ressentiment, etc.
>   (P. CORNEILLE, *Horace*, acte IV, scène V.)

« Enfin, enfin, disent les démons, nous ne serons pas seuls. Ça, ça, voici des compagnons. O justice divine ! tu as voulu des supplices, en voilà.... Voilà, voilà ces hommes que Dieu avait voulu égaler à nous ; les voilà enfin nos égaux dans les tourments, cette égalité nous plaît. BOSSUET, *Sermon sur les Démons.*)

L'obsécration fait servir l'apostrophe à la bénédiction et à la prière.

           Obsécration.

Ex.: « O mon fils ! je te conjure par les mânes de ton père [Achille], par ta mère, par tout ce que tu as de plus cher sur la terre, de ne me laisser pas seul dans ces maux que tu vois.... Il n'y a que les grands cœurs qui sachent combien il y a de gloire à être bon. » (FÉNELON, *Télémaque*, livre XII ; paroles de Philoctète à Néoptolème.)

L'exclamation est le cri subit de l'âme vivement émue. Elle éclate en général par des interjections.

           Exclamation.

Ex. : « O nuit désastreuse ! ô nuit effroyable, où retentit tout à coup comme un éclat de tonnerre cette étonnante nouvelle : Madame se meurt ! madame est morte ! » (Bossuet, *Or. fun. de la duchesse d'Orléans*).

> Grâce aux dieux, mon malheur passe mon espérance !
> (J. Racine, *Andromaque*, acte V, scène v.)

Épiphonème. — On a donné quelquefois le nom d'**épiphonème** à l'exclamation, quand elle termine un tableau, un récit, un raisonnement par une réflexion. Elle se réduit souvent à une *sentence* et exprime très-bien alors la *morale* d'une fable.

> Ex.: Oh ! que de grands seigneurs, au léopard semblables,
> N'ont que l'habit pour tous talents.
> (La Fontaine, *Le Singe et le Léopard*, IX, 3.)

Optation. — L'**optation** est l'expression d'un souhait.

> *Ex.* : Puissé-je de mes yeux y voir tomber ce foudre !
> (P. Corneille, *Horace*, acte IV, scène v.)

Dubitation. — La **dubitation** consiste à feindre l'incertitude dans ses paroles ou ses actions.

Cf. le trouble d'Hermione, après qu'elle a ordonné à Oreste de tuer Pyrrhus :

> Où suis-je ? qu'ai-je fait ? que dois-je faire encore ?
> Quel transport me saisit ? quel chagrin me dévore ?
> Errante et sans dessein, je cours dans ce palais :
> Ah ! ne puis-je savoir si j'aime ou si je hais !
> (J. Racine, *Andromaque*, acte V, scène i.)

Ironie. — L'**ironie** (εἰρωνεία, dissimulation) est la figure favorite de la passion. Par elle on dit le contraire de ce qu'on veut faire comprendre pour donner à sa pensée plus de force ou plus de piquant. Quand elle est cruelle *Sarcasme.* et amère, on lui donne le nom de *sarcasme*. L'ironie est quelquefois spirituelle et enjouée.

> *Ex.* : Seigneur, dans cet aveu dépouillé d'artifice,
> J'aime à voir que du moins vous vous rendiez justice, etc.
> (J. Racine, *Andromaque*, acte IV, scène v.)

Cf. le mot ironique d'Oreste :

> Eh bien ! je *meurs* content, et mon sort est rempli.
> (J. Racine, *Andromaque*, acte V, scène v.)

La Bruyère parlant d'un intendant de province débauché qui signe après boire un ordre qui enlève le pain à tous ses administrés, nous donne un exemple d'ironie.

« Il est excusable : quel moyen de comprendre, dans la première heure de la digestion, qu'on puisse quelque part mourir de faim. »

L'astéisme (ἀστεϊσμός, urbanité, esprit) est une variété de l'ironie ; elle déguise délicatement le blâme sous le voile de la louange, et réciproquement.

Astéisme.

Ex. : Qui Bavium non odit, amet tua carmina, Maevi.
(VIRGILE, *Égl.* III, vers 90.)

On peut citer comme exemple de la *réciproque* l'éloge indirect de Louis XIV, contenu dans les reproches qui lui sont adressés par la Mollesse personnifiée. (Cf. BOILEAU, *Lutrin*, chant II, vers 105 et suiv.)

L'hyperbole (ὑπερβολή, de ὑπὲρ-βάλλω, je frappe au delà du but) exagère la vérité pour la mieux faire saisir. Comme l'ironie, elle est familière à la passion.

Hyperbole.

Ex. : Rome entière noyée au sang de ses enfants.
(P. CORNEILLE, *Cinna*, acte I, scène III.)

Victor Hugo donne une idée de la vanité des grandeurs humaines dans les vers suivants :

Rien ici-bas qui n'ait en soi sa vanité :
    La gloire fuit à tire d'aile ;
Couronnes, mitres d'or brillent, mais durent peu,
Elles ne valent pas le brin d'herbe que Dieu
    Fait pour le nid de l'hirondelle !
(Victor HUGO, *Feuilles d'automne*, IV.)

Ex. : « Sa férocité était extrême et se montrait en tout : c'était une meule toujours en l'air, et dont ses amis n'étaient jamais en sûreté ». SAINT-SIMON, *Portrait de M. le Duc* [Louis-Henri de Bourbon, arrière petit-fils du grand Condé].

La litote ou *diminution* (λιτότης, de λιτός, mince, petit) consiste à dire moins pour faire entendre plus ; c'est le contraire de l'hyperbole.

Litote.

Ex. Chimène dit à Rodrigue :

Va, je ne te hais point. — Tu le dois. — Je ne puis.
(P. CORNEILLE, *le Cid*, acte III, scène IV.)

Dans *le Loup et le Chien*, La Fontaine emploie une figure semblable ; c'est une véritable atténuation :

Qu'est-ce là ? lui dit-il.—Rien.—Quoi ! rien !—Peu de chose.
Mais encor ? — Le collier dont je suis attaché
De ce que vous voyez est peut-être la cause.
(LA FONTAINE, *Le Loup et le Chien*, I, 5.)

II. FIGURES DE MOTS.

D'après les rhéteurs, les **figures de mots** se divisent en trois espèces :

1° Figures de grammaire.	2° Figures de construction.	3° Figures de sens ou tropes.
Syncope,	Ellipse,	1° MÉTAPHORES.
Apocope,	Syllepse,	Allégorie,
Paragoge,	Anacoluthe,	Catachrèse,
Crase,	Hyperbate,	2° MÉTONYMIES.
Contraction,	Énallage,	Synecdoque,
Diérèse,	Hypallage,	Métalepse,
Tmèse, etc.	Disjonction,	Antonomase,
	Pléonasme,	Euphémisme,
	Gradation,	Antiphrase, etc.
	Apposition, etc.	

1° Figures de grammaire.

Figures de grammaire. — Les langues anciennes, le grec surtout, possédaient plus de figures de grammaire que le français ; toutefois, notre langue en offre de nombreux exemples dans les locutions populaires et archaïques, dans les dialectes provinciaux, etc.

Syncope. — La **syncope** (συγκοπή, de σὺγκόπτω, je coupe) *retranche* une syllabe au milieu d'un mot.

Ex. : *Amarunt* pour *amaverunt* ; — *larcin* pour *larrecin*.

Apocope. — L'**apocope** (ἀποκοπή ; de ἀπὸ-κοπτω, je coupe) *enlève* une ou plusieurs syllabes à la fin d'un mot.

Ex. : *ru* pour *ruisseau* ; — *fac, duc,* pour *face, duce.*

Paragoge. — La **paragoge** (παραγωγή, de παρὰ-ἄγω, je conduis, j'allonge), *ajoute* une syllabe à la fin d'un mot.

Ex. : *Ludificarier* (PLAUTE) ; — *Imitarier* (LUCRÈCE) ; — Dans notre vieille langue : *Avecques, Doncques.*

Crase. — La **crase** (κρᾶσις, mélange) *réunit* en une syllabe longue la finale d'un mot et l'initiale du mot suivant :

Ex. : κᾆτα, pour καὶ εἶτα.

La **contraction** (συναίρεσις, *contractio*) est une figure qui de deux syllabes n'en fait qu'une. *Contraction.*

Ex.: *Audientum* pour *audientium*; — *deum* pour *deorum*; — *rôle* pour *roolle*; — *âme* pour *aame*; — *âge* pour *aage*.

La **diérèse** (διαίρεσις, de διὰ-αιρέω, je divise) *sépare par un tréma une syllabe contractée.* *Diérèse.*

Ex. : *Vitaï* pour *vitæ*; — *auraï* pour *auræ*.

La **tmèse** (τμῆσις, de τέμνω, je coupe) *sépare en deux parties un mot composé.* *Tmèse.*

Ex. : *Septem* subjecta *trioni*, pour *septentrioni*.
(Virgile, *Géorg.*, livre III, vers 381.)

Il en est de même en prose :
Quod judicium *cumque* subierat, damnabitur, pour *quodcunque*, etc. (Cicéron, *Pro Sextio*, chapitre XXXI.)

2° Figures de construction.

Les **figures de construction** modifient les règles de la grammaire, mais ajoutent à la beauté du style. *Figures de construction.*

L'**ellipse** (ἔλλειψις, de ἐν-λείπω, je fais défaut) *supprime un ou plusieurs mots pour donner plus de vivacité et de rapidité à la phrase.* *Ellipse.*

Ex.: Et *pleurés du vieillard*, il grava sur leur marbre
    Ce que je viens de raconter.
(La Fontaine, *Le Vieillard et les trois jeunes hommes*, XI, 8.)

    Le crime fait la honte, et *non pas l'échafaud.*
        (Th. Corneille, *le Comte d'Essex*, acte IV, scène III.)

La **syllepse** (σύλληψις, de σύν-λαμβάνω, je réunis) *substitue l'accord logique à l'accord grammatical.* *Syllepse.*

Ex.: Entre le pauvre et vous, vous prendrez Dieu pour juge;
Vous souvenant, mon fils, que, caché sous ce lin,
Comme *eux* vous fûtes pauvre, et comme *eux* orphelin.
    (J. Racine, *Athalie*, acte IV, scène III.)

L'**anacoluthe** (ἀνακόλουθος, de ἀνα-κωλύω, j'arrête) *interrompt la construction régulière de la phrase.* *Anacoluthe.*

Ex. : « *Après s'être sauvée des flots*, une autre tempête lui fut presque fatale. »(Bossuet, *Or. fun. d'Henriette de France.*)

L'**hyperbate** ou *inversion* (ὑπέρβατον, de ὑπέρ, au delà, — βαίνω, je vais) *renverse l'ordre des mots.* Cette figure, qui est le fond même de la construction de la phrase chez les Grecs et les Latins, donne aux langues anciennes une grande souplesse pour l'expression. La *Hyperbate.*

nôtre en offre des exemples, mais plus rares, en prose ; c'est la construction essentielle de notre poésie.

Ex. : « *Restait* cette redoutable infanterie de l'armée d'Espagne, etc. » (Bossuet, *Or. fun. de Condé*.)

Dans son sang inhumain les chiens désaltérés,
Et de son corps hideux les membres déchirés, etc.
(J. Racine, *Athalie*, acte I, scène 1.)

Énallage. **L'énallage** (ἐναλλαγή, de ἐν-ἀλλάσσω, je change) *substitue* un temps à un autre.

Ex. : Le renard sera bien habile
S'il ne m'en laisse assez pour avoir un cochon.
Le porc à s'engraisser coûtera peu de son.
Il *était*, quand je l'*eus*, de grosseur raisonnable :
J'aurai, le revendant, de l'argent bel et bon ;
Et qui m'empêchera de mettre en notre étable,
Vu le prix dont il *est*, une vache et son veau ?
(La Fontaine, *La Laitière et le Pot au lait*, VII, 10.)

Hypallage. **L'hypallage** (ὑπαλλαγή, ὑπὸ-ἀλλάσσω, je mets à la place) *transpose* le rapport naturel des idées sans en modifier le sens.

Ex. : Ibant *obscuri sola* sub nocte per umbram.
(Virgile, *Énéide*, livre V, vers 268.)

Disjonction, **La disjonction** (disjunctio, de *dis-jungo*, je sépare),
Conjonction, supprime les particules, les *liaisons* des idées, tandis
Répétition. que la **conjonction** les multiplie. La **répétition** redouble les mots aussi bien que les idées. *Ex.* de disjonction :

Le loup est l'ennemi commun :
Chiens, chasseurs, villageois s'assemblent pour sa perte.
(La Fontaine, *Le Loup et les Bergers*, X, 6.)

Ex. de conjonction :

Mais tout dort, *et* l'armée, *et* les vents, *et* Neptune.
(J. Racine, *Iphigénie*, acte I, scène 1.)

Ex. de répétition :

Je l'ai vu, dis-je, *vu*, de mes propres yeux *vu*,
Ce qu'on appelle *vu*.
(Molière, *Tartuffe*, acte V, scène III.)

Pléonasme. **Le pléonasme** (πλεόνασμος, surabondance) emploie des mots inutiles pour le sens. C'est souvent une faute, puisqu'il surcharge le discours. On s'en sert quelquefois avec intention pour donner plus de force à la pensée.

Ex. : Et que *m*'a fait, à *moi*, cette Troie où je cours ?
(J. Racine, *Iphigénie*, acte IV, scène VI.)

ÉLOCUTION.

La gradation (gradatio, de *gradus*, degré) ou *progression*, place les mots suivant leur plus ou moins d'énergie.

Gradation.

Ex.: Presse, pleure, gémis ; peins-lui Phèdre mourante.
(J. Racine, *Phèdre*, acte III, scène I.)
Un souffle, une ombre, un rien, tout lui donnait la fièvre.
(La Fontaine, *Le Lièvre et les Grenouilles*, II, 14.)
Demain, c'est le cheval qui s'abat blanc d'écume.
Demain, ô conquérant, c'est Moscou qui s'allume,
 La nuit comme un flambeau ;
C'est votre vieille garde au loin jonchant la plaine.
Demain, c'est Waterloo ! demain, c'est Sainte-Hélène !
 Demain, c'est le tombeau !
(Victor Hugo, *Chants du crépuscule*, v.)

L'apposition (appositio, de *appono*, je mets à côté) emploie les substantifs comme épithètes.

Apposition.

Ex. : « Des titres, des inscriptions, vaines marques de ce qui n'est plus. » (Bossuet. *Or. fun. de Condé.*)

3º Figures de sens ou tropes.

Les **tropes** (τρόπος, de τέτροπα, parf. de τρέπω, je change) transforment le sens primitif et propre des mots.

Figures de sens ou Tropes.

Expression propre.	Expression figurée.
Fénelon.	Le cygne de Cambrai.
Bossuet.	L'aigle de Meaux.
La profession militaire.	L'épée.
La magistrature.	La robe.

Ces figures ont leur origine dans une relation naturelle entre deux objets.

On divise les **tropes** en deux classes : 1º les **métaphores** ; 2º les **métonymies**. On peut y ramener toutes les variétés de tropes énumérées par les rhéteurs.

Division des tropes.

Aristote réduisait tous les tropes à la **métaphore**. Elle est, en effet, le premier de tous, celui d'où dérivent tous les autres.

La métaphore (μεταφορά, de μέτα, au delà,—φέρω, je porte) fait passer un mot de sa signification propre à une nouvelle, en vertu d'une comparaison mentale.

1º Métaphores

Ex. : « Madame a passé du matin au soir comme l'herbe des champs. » (Bossuet, *Or. fun. d'Henriette d'Angleterre.*)
Sur les *ailes* du temps la tristesse s'envole.
(La Fontaine, *La jeune Veuve*, VI, 21.)

Il y a une différence entre la *métaphore* et la *comparaison*. Celle-ci se fait avec trois termes : le *sujet*,

Différence entre la métaphore et la comparaison.

l'*objet* auquel on le compare et le *signe de la comparaison*.

La *métaphore* supprime le *sujet* et le *signe* pour donner plus de vivacité au style.

Pour faire mieux saisir le rapport et la différence de la *comparaison* et de la *métaphore*, on peut citer l'*exemple* suivant qui contient les deux :

> .... Je voudrais qu'à cet âge
> On sortît de la vie ainsi que d'un banquet,
> Remerciant son hôte, et qu'on fît son paquet.
> (La Fontaine, *La Mort et le Mourant*, VIII, 1.)

Quintilien appelait les **métaphores** *les yeux même du discours*; mais il demandait que ces yeux ne fussent point placés ça et là, par tout le corps. Il ne faut donc point **abuser des métaphores**. Elles plaisent surtout à condition de ne pas enlever à une œuvre littéraire la *simplicité* et le *naturel*, qualités essentielles du style.

Allégorie.

L'**allégorie** (ἀλληγορία, de ἄλλος, autre, — ἀγορεύω, je parle) est une métaphore prolongée.

Ex. Horace cherche à retenir au port un navire [symbole de Rome] qui va braver de nouveaux orages.

> O navis, referent in mare te novi
> Fluctus! ô quid agis?
> (Livre I, ode xiv.)

Cf. la fin de l'idylle dans laquelle André Chénier en donne une poétique définition :

> Du Pange, c'est vers toi qu'à l'heure du réveil
> Court cette jeune Idylle au teint frais et vermeil:
> « Va trouver mon ami, va, ma fille nouvelle »,
> Lui disais-je. Aussitôt, pour te paraître belle,
> L'eau pure a ranimé son front, ses yeux brillants;
> D'une étroite ceinture elle a pressé ses flancs;
> Et des fleurs sur son sein, et des fleurs sur sa tête,
> Et sa flûte à la main, sa flûte qui s'apprête
> A défier un jour les pipeaux de Segrais,
> Seuls connus parmi nous aux nymphes des forêts.
> (A. Chénier, *Idylle*, i, édit. Lemerre, t. I, p. 185.)

Parabole.

Lorsque l'*allégorie* est sous forme de récit et qu'elle contient une vérité importante, on l'appelle *parabole*. Ce terme ne s'applique guère qu'aux allégories contenues dans les *livres saints*. *Ex.* la **parabole** de l'*enfant prodigue*. — Toutefois l'*allégorie* doit être facile à comprendre, et c'est avec raison que Lemierre a dit:

> L'allégorie habite un palais diaphane.

La **catachrèse** (κατάχρησις, de κατά, contre, χράομαι, je me sers) est l'*extension* par analogie du sens propre des mots ; on l'emploie quand il n'existe pas de termes pour désigner un objet nouveau. — *Catachrèse.*

    Ex. : Une *feuille* de papier.
          A *cheval* sur un bâton.
          Le *dos* d'un fauteuil.

La **métonymie** (μετωνυμία, de μετά, au delà, ὄνομα, nom, — mot transposé) est la *substitution* d'un nom à un autre. Elle prend : — 2° *Métonymies.*

1° la CAUSE pour l'EFFET : *Cérès* pour le *blé* ; — *Bacchus* pour le *vin* ; — *Mars* pour la *guerre* ; — la *plume*, le *pinceau* pour les *écrits* et la *peinture*, etc.

    Ex. : Mars détruisit le lieu que nos gens habitaient.
        (LA FONTAINE, *L'avantage de la science*, VIII, 19.)

2° l'EFFET pour la CAUSE : les *pâles* alarmes pour les alarmes *qui font pâlir*.

    Ex. : La *vengeance* à la main, l'œil ardent de colère.
        (P. CORNEILLE, *Polyeucte*, acte I, scène III.)

3° le CONTENANT pour le CONTENU : la *bouteille* pour le *vin*.

    Ex. : La *cage* et le *panier* avaient mêmes pénates.
        (LA FONTAINE, *Le Chat et les deux Moineaux*, XII, 2.)

4° l'AUTEUR pour l'OUVRAGE.

    Ex. : *Térence* est dans mes mains, je m'instruis dans *Horace*.
        (LA FONTAINE, Épistre *à Mgr l'Evesque de Soissons*.)

5° l'ABSTRAIT pour le CONCRET.

    Ex. : De quel front cependant faut-il que je confesse
        Que ton effronterie a surpris ma *vieillesse* ?
        (P. CORNEILLE, *Le Menteur*, acte V, scène II.)

6° le CONCRET pour l'ABSTRAIT.

    Ex. : « La maison de *France* garda son rang sur celle d'*Autriche* jusque dans Bruxelles. » (BOSSUET, *Or. fun. de Condé*.)

7° le SIGNE pour la CHOSE SIGNIFIÉE.

    Ex. : A la fin, j'ai quitté la *robe* pour l'*épée*.
        (P. CORNEILLE, *Le Menteur*, acte I, scène I.)

La **synecdoque** (συνεκδοχή, de σύν-ἐκ-δέχομαι, je reçois) est une variété de la métonymie. Cette figure consiste à *étendre* ou à *restreindre* le sens propre des mots. Elle prend : — *Synecdoque.*

1° le GENRE pour l'ESPÈCE (rarement le contraire) : les *mortels* pour les *hommes*.

    Ex. La Fontaine dans le *Chat, la Belette et le petit Lapin* ;

Dit l'*animal* chassé du paternel logis. (pour le *lapin*.)
(Livre VII, 16.)

2° la PARTIE pour le TOUT, et réciproquement : *trente voiles, cent feux*, etc.

Ex. : Là, depuis *trente hivers*, un hibou retiré, etc.
(BOILEAU, *Lutrin*, chant III, vers 11.)

3° le NOMBRE DÉTERMINÉ pour le NOMBRE INCERTAIN.

Ex. : *Vingt fois* sur le métier remettez votre ouvrage.
(BOILEAU, *Art. poét.*, chant I, vers 172.)

4° le SINGULIER pour le PLURIEL.

Ex. : *Le Français*, né malin, forma le vaudeville.
(BOILEAU, *Art. poét.*, chant II, vers 182.)

5° la MATIÈRE pour l'OBJET qui en est fait.

Ex. : Mais l'*airain* menaçant frémit de toutes parts.
(J. RACINE, *Athalie*, acte IV, scène v.)

Métalepse. La **métalepse** (μετάληψις, de μετὰ-λαμβάνω, je transpose) fait entendre une chose par les circonstances qui la précèdent ou qui la suivent.

Ex. : Mais il était trop tard, les *chants avaient cessé*,
(RAYNOUARD, *les Templiers*, acte V, scène IX.)

Ce vers signifie que les Templiers avaient cessé de vivre.

Antonomase. L'**antonomase** (ἀντονομασία, de ἀντί, au lieu de, — ὄνομα, nom) *substitue* un nom propre à un nom commun.

Ex. Un Benjamin,   pour   un enfant favori.
      Un Aristarque,   —   un critique sévère.
      Un Zoïle,   —   un critique envieux.
et réciproquement :
      le roi prophète,   —   David.
      le boulanger de Nîmes, —   Reboul (poëte du XIXe s.)
      le barbier d'Agen.   —   Jasmin (poëte gascon), etc.

Euphémisme. L'**euphémisme** (εὐφημισμός, de εὖ, bien, — φημί, je dis) adoucit une expression qui pourrait être blessante.

Ex. Cicéron annonçant au peuple la mort des complices de Catilina :

Ils ont vécu pour *ils sont morts*.

Antiphrase. L'**antiphrase**, variété de l'ironie, exprime une idée par son contraire (ἀντίφρασις, de ἀντί, contre, — φράζω, je parle).

Ex. Les *Euménides* (déesses bienfaisantes) pour les *Furies*.

Dumarsais a dit, dans son livre des *Tropes* (p. 2) : « Je suis persuadé qu'il se fait plus de *figures* un jour de marché à la halle qu'il ne s'en fait en plusieurs jours d'assemblées académiques. »

Marmontel dans ses *Eléments de littérature*, a essayé de réunir les principales *figures* de rhétorique dans le langage d'un homme du peuple. Il suppose celui-ci en colère contre sa femme :

« Si je dis oui, elle dit non ; soir et matin, nuit et jour, elle gronde (*antithèse*). Jamais, jamais de repos avec elle (*répétition*). C'est une furie, un démon (*hyperbole*). Mais, malheureuse, dis-moi donc (*apostrophe*)! Que t'ai-je fait (*interrogation*)? O ciel! quelle fut ma folie en t'épousant (*exclamation*)! Que ne me suis-je plutôt noyé (*optation*)! Je ne te reproche ni ce que tu me coûtes, ni les peines que je me donne pour y suffire (*prétérition*); mais, je t'en prie, je t'en conjure, laisse-moi travailler en paix (*obsécration*). Ou que je meure si.... Tremble de me pousser à bout (*imprécation* et *réticence*). Elle pleure! Ah! la bonne âme! vous allez voir que c'est moi qui ai tort (*ironie*). Eh bien! je suppose que cela soit : oui, je suis trop vif, trop sensible (*concession*). J'ai souhaité cent fois que tu fusses laide ; j'ai maudit, détesté ces yeux perfides, cette mine trompeuse qui m'avait affolé (*astéisme*). Mais, dis-moi si par la douceur il ne vaudrait pas mieux me ramener (*communication*)? Nos enfants, nos amis, nos voisins, tout le monde nous voit faire mauvais ménage (*énumération*); ils entendent tes cris, tes plaintes, les injures dont tu m'accables (*accumulation*); ils t'ont vue, les yeux égarés, le visage en feu, la tête échevelée, me poursuivre, me menacer (*description*); ils en parlent avec frayeur; la voisine arrive : on le lui raconte; le passant écoute et va le répéter (*hypotypose*). Ils croiront que je suis un méchant, un brutal, que je te laisse manquer de tout, que je te bats, que je t'assomme (*gradation*); mais non, ils savent bien que je t'aime, que j'ai bon cœur, que je désire de te voir tranquille et contente (*correction*). Va, le monde n'est pas injuste ; le tort reste à celui qui l'a (*sentence*). Hélas! ta pauvre mère m'avait tant promis que tu lui ressemblerais! Que dirait-elle? que dit-elle? Car elle voit ce qui se passe. Oui, j'espère qu'elle m'écoute, et je l'entends qui te reproche de me rendre si malheureux. Ah! mon pauvre gendre, dit elle, tu mériterais un meilleur sort (*prosopopée*). » (MARMONTEL, *Éléments de littérature*, t. II, page 187.)

Discours de Marmontel contenant les principales figures de rhétorique.

Élocution.

RÉSUMÉ SYNOPTIQUE.

STYLE.		FIGURES	
QUALITÉS GÉNÉRALES.	ANCIENNE DIVISION.	DE PENSÉE.	DE MOTS.
Clarté,	1° **Style simple.**	1° **Figures de raisonnement.**	1° **Figures de grammaire.**
Propriété,	Précision,		
Précision,	Naïveté,	Antithèse,	Syncope,
Correction,	Netteté,	Allusion,	Apocope,
Concision,	Concision,	Réticence,	Paragoge,
Pureté,	Naturel, etc.	Suspension,	Crase,
Naturel,		Prolepse,	Diérèse,
Noblesse,	2° **Style tempéré.**	Correction,	Tmèse, etc.
Harmonie :	Élégance,	Concession,	
1° Des mots ;	Richesse,	Prétérition, etc.	2° **Figures de construction.**
2° Des phrases (période) ;	Finesse,		
3° Harmonie imitative.	Délicatesse,	2° **Figures d'imagination.**	Ellipse,
	Grâce, etc.		Syllepse,
		Prosopopée,	Anacoluthe,
	3° **Style sublime.**	Hypotypose,	Hyperbate,
	Énergie,	Comparaison,	Énallage,
	Véhémence,	Périphrase, etc.	Hypallage,
	Magnificence,		Disjonction,
	Profondeur,	3° **Figures de passion.**	Pléonasme,
	Enthousiasme, etc.		Gradation,
		Interrogation,	Apposition, etc.
		Apostrophe,	
	Sublime proprement dit :	Imprécation,	3° **Figures de sens, ou Tropes.**
	1° Sublime de pensée ;	Obsécration,	
	2° Sublime de sentiment ;	Exclamation,	1° MÉTAPHORES.
	3° Sublime d'image.	Optation,	Allégorie,
		Dubitation,	Catachrèse,
		Ironie,	2° MÉTONYMIES.
		Astéisme,	Synecdoque,
		Hyperbole,	Métalepse,
		Litote, etc.	Antonomase,
			Euphémisme,
			Antiphrase, etc.

IV

Action.

L'**action oratoire** est *l'ensemble des moyens extérieurs qui concourent à l'effet du discours.*

L'action se compose de la **voix**, du **geste**, de la **physionomie** et même de la **mémoire**. Cette dernière ne fait pas partie de l'action proprement dite, mais elle en est une condition indispensable.

L'ensemble des préceptes relatifs à l'action s'appelle **art de la déclamation**. C'est une partie dont l'orateur et le comédien doivent faire une étude spéciale.

Les **anciens** attachaient à l'action oratoire une grande importance. On demandait un jour à DÉMOSTHÈNE quelle était la première partie de l'éloquence : « C'est *l'action*, répondit-il ; et la seconde ? *l'action* ; et la troisième ? *l'action*, toujours *l'action*. » Plus tard, CICÉRON, dans le *de Oratore*, exprimait la même idée.

Chez les **anciens**, l'action jouait un plus grand rôle que chez les modernes ; car ceux-ci possèdent plus d'écrivains que d'orateurs. Chez les **Grecs** et les **Romains**, elle était violente et passionnée. Ils n'avaient pas la moitié du corps caché comme chez nous, l'orateur politique par la tribune, le prédicateur par la chaire l'avocat par le tribunal. C'était pour eux une véritable science de pantomime, et les rhéteurs notaient même la pose de la main, le mouvement des doigts et la direction du regard.

Toutefois, si l'action n'a plus chez les **modernes** le caractère théâtral qu'elle avait chez les anciens, si elle est plus calme et plus modérée, l'orateur, pour produire de l'effet sur son auditoire, ne sera véritablement éloquent que s'il joint au talent d'inventer, de disposer, d'exprimer les faits et les idées essentielles de tout discours, une **voix** sonore et vibrante, une **physionomie** vive, des **gestes** expressifs, enfin une **mémoire** prompte et fidèle qui laisse l'orateur maître de son esprit et de sa parole.

[Notes marginales : Action oratoire. — Son importance chez les anciens. — Différence de l'action chez les anciens et chez les modernes. — Nécessité de l'action.]

Voix. — La **voix** est l'*expression des idées et des sentiments* (fond de tout discours) *au moyen de sons articulés.*

La prononciation doit être *distincte, pure* et *nuancée,* suivant les pensées que l'on développe. Ni trop lente ni trop rapide, elle doit être ménagée avec intelligence, autant pour le plaisir de l'auditeur que pour le soulagement de celui qui parle. L'orateur doit prendre des tons appropriés aux passions dont il est animé et aux sentiments qu'il veut communiquer. Il faut qu'il soit *simple* dans l'exposition des faits, *animé* dans la discussion, *véhément* ou *touchant* dans les circonstances pathétiques. La voix est une des plus puissantes ressources de l'action.

Geste. — Le **geste** est l'*expression des idées au moyen des mouvements du corps.* En général, les gestes sont naturels chez l'orateur, mais l'art peut les perfectionner. Il faut surtout qu'ils soient en harmonie avec le ton du discours; tout geste exagéré ou recherché ne peut que choquer et déplaire.

Physionomie. — La **physionomie** a aussi son langage. En effet, le visage humain exprime tous les mouvements et toutes les passions de l'âme; il les reflète comme un miroir. De même que la voix et le geste, la physionomie doit être appropriée aux pensées et aux sentiments du discours :

> Tristia mœstum
> Vultum verba decent, iratum, plena minarum,
> Ludentem, lasciva; severum, seria dictu.
> Format enim natura priùs nos intùs ad omnem
> Fortunarum habitum.
>
> (Horace, *Art poét.*, vers 105 et suiv.)

Mémoire. — La **mémoire oratoire** n'est pas seulement la faculté de *retenir* et de *citer* exactement le texte d'un discours écrit d'avance, mais le *don de conserver* l'ordre de ses pensées dans l'improvisation, lorsqu'on en a simplement préparé le canevas. Tout discours écrit et récité est plus ou moins froid; ce n'est que par le développement improvisé d'un sujet conçu dans l'esprit qu'on arrive à produire les grands effets de l'éloquence. L'orateur doit se rappeler ses idées pour les suivre méthodiquement; sans **mémoire**, point de véritable orateur.

APPENDICE.

Exercices de rhétorique.

Principaux exercices de Rhétorique.

Quand l'esprit est bien pénétré des préceptes de la Rhétorique et que, par la lecture des grands modèles, par la conversation et par la réflexion, il s'est enrichi d'un certain nombre d'idées, on doit s'exercer à les **développer**. Il en est de l'art de bien dire ou de bien écrire comme de tous les autres ; il faut l'avoir pratiqué pour le connaître à fond. C'est l'objet des différents exercices de rhétorique. On peut classer ainsi les principaux :

1° **Narration,**
2° **Description,**
3° **Tableau,**
4° **Portrait,**
5° **Parallèle,**
6° **Éloge,**
7° **Discours,**
8° **Allégorie,**
9° **Lettre,**
10° **Rapport,**
11° **Dialogue,**
12° **Dissertation,**
13° **Analyse littéraire,** etc.

1° Narration.

La narration est l'exposé d'un fait *vrai* ou *supposé*, accompagné de toutes les circonstances qui en dépendent ; c'est aussi la peinture d'une action. Elle se distingue de la **description** et du **tableau** par le mouvement dramatique.

Il ne s'agit point ici de la narration comme partie essentielle du discours. Nous avons déjà dit dans la *Rhétorique* (p. 18) que cette sorte de narration se divise en narration *oratoire*, *historique* et *poétique* ; nous en avons fait connaître les caractères, les ressemblances et les différences. Considérons ici la **narration** comme *œuvre séparée* et constituant à elle seule une composition littéraire. Elle est à peu près soumise aux mêmes règles que la narration *oratoire*.

Anecdote. On donne plus particulièrement le nom d'anecdote (de ἀν privatif, et ἔκδοτος livré, = inédit), au récit court et piquant d'un petit fait. *Ex.* les anecdotes du *Siècle de Louis XIV* par **Voltaire** (chap. xxv et xxvi).

Règles de la narration. Le fait *vrai* doit être raconté d'une manière scrupuleusement exacte. *Ex.* le passage du Saint-Bernard, par **Thiers** (*Hist. du Consulat et de l'Empire*, t. I, livre IV, p. 365, édit. Paulin, 1845), et tous les modèles de narration historique dus à la plume d'Augustin **Thierry**, de **Guizot**, etc.

Le fait *supposé* peut être présenté de deux façons :

1° En mettant en scène des personnages historiques auxquels on suppose des actes, des paroles, des sentiments conformes à leur époque, à leur nationalité et à leur caractère particulier. On y emploie la *couleur locale* ; c'est le **roman historique**.

Ex. Le morceau où **Alfred de Vigny** représente Richelieu faisant signer à Louis XIII la condamnation de **Cinq-Mars** dans le roman de ce nom (chap. xxiv, p. 393-395.)

2° En faisant mouvoir dans un *cadre fictif* des personnages imaginaires dus au caprice et à la fantaisie de l'écrivain, qui doit toutefois observer la vraisemblance.

Ex. le Docteur anglais, les Indiens et le Paria, par **Bernardin de Saint-Pierre** ; — *le Meunier sans souci*, par **Andrieux** ; — les *fables* de **La Fontaine** ; — les récits du *Télémaque* de **Fénelon** ; — ceux des *Martyrs* de **Chateaubriand** ; — la *Prise d'une redoute*, par **Mérimée**, etc.

Ses trois parties essentielles et ses qualités. Comme tout drame, la narration se compose de trois parties essentielles : 1° l'*exposition*, 2° le *nœud*, 3° le *dénoûment*. Elle doit être *claire, vraisemblable, brève* et *intéressante*. Cf. Boileau :

> Soyez vif et pressé dans vos narrations, etc.
> (*Art. poét.* chant III, vers 257.)

A la narration ou peinture des faits on peut rattacher naturellement la **description** ou peinture des choses, des personnes et des lieux (**éthopée, prosopographie et topographie**).

2° Description. La description est une amplification dont le but est de *peindre* les objets sous leurs traits les plus importants et les plus caractéristiques. Elle est fausse, quand elle substitue les mots au dessin et à la couleur.

La description *scientifique*, qu'il faut distinguer de la description *littéraire*, se propose seulement d'instruire et de peindre l'objet d'après ses caractères essentiels. C'est une variété de la définition. Sa principale qualité est l'*exactitude*.

<small>Différentes espèces de description.</small>

Les qualités de la description doivent être celles de la narration. Son but est de produire sur l'imagination du lecteur ou de l'auditeur une impression si vive qu'il lui semble voir l'objet. Elle embellit un fait que l'historien se contente de raconter simplement. Cf. **Platon** décrivant au début de *Phèdre* un paysage des environs d'Athènes ; les descriptions de Buffon, de J.-J. Rousseau, de Bernardin de Saint-Pierre, de Châteaubriand, etc.

<small>Qualités et but de la description.</small>

Il ne faut pas abuser de la description comme Delille et imiter ces auteurs dont se moque Boileau :

<small>S'il rencontre un palais, il m'en dépeint la face :
Il me promène après de terrasse en terrasse ; etc.
(*Art. poét.*, chant I, vers 51 et 52.)</small>

La description devient un **tableau** quand le cadre embrasse un ensemble d'objets. *Ex.* le lever du soleil dans les *Confessions* de J. J. Rousseau.

<small>3° *Tableau.*</small>

On donne le nom de **portrait** à la description quand elle peint les hommes ou les animaux.

<small>4° *Portrait.*</small>

Ex. Le portrait du cardinal de Retz dans La Rochefoucauld, dans Voltaire ; — et ceux de La Rochefoucauld, de M. le duc d'Orléans, de M. de Longueville, de Turenne, dans les *Mémoires* du cardinal de Retz ; — les *caractères* de La Bruyère ; — le portrait du chien dans Buffon.

Le **parallèle** est une *espèce de comparaison* appliquée aux personnes ou aux caractères. Il oppose *deux portraits*, l'un à l'autre pour en faire ressortir les contrastes et les différences. *Ex.* Les **Parallèles**, qui suivent les *Vies des hommes illustres* de **Plutarque**.

<small>5° *Parallèle.*</small>

Le parallèle doit contenir tous les détails qui offrent quelque intérêt pour faire connaître les personnages que l'on rapproche. Il y a souvent dans ce genre de composition une *symétrie un peu factice*, quand on multiplie les analogies, les contrastes, et qu'on oppose deux caractères l'un à l'autre, trait pour trait.

Ex. Le parallèle de **Turenne** et de **Condé** dans Bossuet, — celui de **Corneille** et de **Racine** dans **La Bruyère**, etc.

Différentes espèces de parallèles.	On compare quelquefois deux villes entre elles. *Ex.* parallèle de **Rome** et de **Carthage** dans Montesquieu (*Grandeur et décadence des Romains*).

Le parallèle procède aussi par deux tableaux symétriques, mais distincts, et, pour ainsi dire, se faisant pendant. *Ex.* portrait du **riche** et du **pauvre** dans La Bruyère (chap. vi, *Des biens de la fortune*) ; — celui de **Démosthène** et de **Cicéron** par Fénelon, dans sa *Lettre à l'Académie française*, § 4.

6° *Éloge.* — L'**éloge** est un portrait destiné à faire aimer ou admirer le personnage que représente l'écrivain. Le panégyriste insiste sur le bien, glisse sur le mal, quelquefois même n'en parle pas du tout. Il n'est ni historien ni témoin. S'il est obligé de ne rien dire qui soit contraire à la vérité, il n'est pas forcé de la dire tout entière. *Ex.* en général, les discours académiques; en particulier l'*éloge* de **Dupin** par M. Cuvillier-Fleury (11 avril 1867).

Sobriété dans le ton, expressions choisies, telles sont les qualités indispensables à tout éloge. Le panégyriste doit surtout tenir compte de la fine et courte observation de **La Bruyère** : *amas d'épithètes, mauvaises louanges.*

7° *Discours.* — Le **discours** est une composition dans laquelle un orateur parle devant un peuple assemblé pour l'intéresser aux affaires de l'État, ou devant un sénat, un corps législatif dont il veut éclairer les délibérations (*discours politique*).

politique.

militaire. — Tantôt c'est une armée à laquelle il adresse une proclamation, une harangue militaire, ou un bulletin de victoire (*discours militaire*),

judiciaire. — tantôt c'est un tribunal de juges, un jury qu'il cherche à émouvoir sur le sort d'un criminel (*discours judiciaire*).

académique. religieux. — C'est aussi une Académie, un concile, une chaire dans lesquels il développe une idée littéraire ou religieuse (*discours académique,* — *discours religieux*).

Dans nos habitudes modernes, le **discours** repose entièrement sur l'*étude de l'histoire.* Il est de tous les exercices de rhétorique le plus important et le plus difficile, celui qui réclame le plus d'aptitudes diverses, car il exerce à la fois l'imagination et le raisonnement. Plus que tout autre aussi, il donne l'occasion d'appliquer toutes les règles de la rhétorique.

On peut lire, comme exercice, les modèles suivants : 1° dans le *genre délibératif*, le discours contre la banqueroute prononcé par **Mirabeau** à l'Assemblée (séance du 26 septembre 1789); 2° dans le *genre judiciaire*, la défense de Fouquet par **Pellisson**; 3° dans le *genre démonstratif*, le discours de **Buffon** à l'Académie française le jour de sa réception, 25 août 1750 (*Discours sur le style*), etc.

Modèles de discours.

Dans la *Rhétorique*, nous avons déjà parlé de l'**allégorie** comme *figure*. Il s'agit ici de l'**allégorie** en tant que *composition littéraire*. Considérée à ce point de vue, elle est une *fiction poétique* dans laquelle l'on personnifie des êtres moraux ou abstraits. *Ex.* La personnification de *l'Envie* dans la **Henriade**; — celle de *la Chicane* et de *la Mollesse* dans le **Lutrin**.

8° *Allégorie*

La **mythologie** a fourni en littérature le sujet d'un grand nombre d'allégories, et Boileau, partisan du merveilleux païen, l'a proclamée le *soutien* de la poésie épique.

La mythologie source d'allégories.

> Ce n'est plus la vapeur qui produit le tonnerre,
> C'est Jupiter armé pour effrayer la terre ;
> Un orage terrible aux yeux des matelots,
> C'est Neptune en courroux qui gourmande les flots ;
> Écho n'est plus un son qui dans l'air retentisse,
> C'est une nymphe en pleurs qui se plaint de Narcisse.
> (BOILEAU, *Art poet.*, chant III, vers 167 et suiv.)

Nos anciens poëtes français employaient fréquemment l'allégorie. *Ex.* les personnages appelés *Jalousie, Faux-semblant, Bel-accueil*, dans le **Roman de la Rose**.

On doit ranger parmi les allégories certaines comédies d'**Aristophane** (*les Oiseaux*, — *Plutus*, allégorie sur l'inégale et injuste distribution des richesses parmi les hommes; — *les Guêpes*, satire allégorique dirigée contre les tribunaux, et dans laquelle le chœur des juges est représenté sous la forme de mouches armées d'un aiguillon); — quelques personnages dans **Eschyle** (la *Force* et la *Violence* dans le *Prométhée enchaîné*).

L'allégorie dans ARISTOPHANE.

ESCHYLE.

L'**apologue** n'est qu'une *allégorie*, surtout quand on laisse deviner la moralité, comme dans *le Chêne et le Roseau* de **La Fontaine**.

Apologue.

Les **paraboles** de l'Ancien et du Nouveau Testament sont des allégories morales. Les **proverbes** sont aussi quelquefois allégoriques.

Paraboles. Proverbes.

9° Lettre.

La **lettre** est un *entretien par écrit entre personnes absentes ou séparées*. Comme exercice de rhétorique, elle n'est guère qu'un discours déguisé.

La lettre proprement dite n'est pas soumise à la méthode rigoureuse du discours. On pourrait même dire, si toutefois une composition littéraire pouvait se passer de règles, que sa méthode consiste à n'en point avoir. La lettre, par la nature multiple des sujets qu'elle aborde, échappe à des préceptes absolus ; elle doit cependant observer un certain **ordre** dans la disposition des principaux points de son sujet. On ne peut pas établir entre les parties d'une lettre une proportion qui permette de la découper en un certain nombre de paragraphes égaux. La lettre n'est pas une dissertation ; son charme est surtout dans l'*aisance naturelle avec laquelle la plume semble courir*.

Ses principales qualités.

Le genre épistolaire comporte toutes les formes et toutes les variétés de style. Ses principales qualités sont celles qui conviennent à la conversation des personnes bien élevées : *bienséance, simplicité, aisance et naturel*. C'est avec raison que Mme de Sévigné, dont les lettres sont des modèles de style épistolaire, a dit : *Soyez vous et non autrui ; votre lettre doit m'ouvrir votre âme et non votre bibliothèque. Cette pure nature est précisément ce qui est beau et ce qui plaît uniquement.* — Cf. les lettres de Mme de Sévigné, de Mme de Maintenon, de Voltaire, de P.-L. Courier, d'Eugénie de Guérin, etc.

10° Rapport.

Le **rapport** n'est qu'une *lettre d'affaire* d'une nature particulière. C'est l'exposé clair et sobre d'une question sur laquelle il faut appeler l'attention d'une ou de plusieurs personnes intéressées, et qui est soumise à la discussion compétente d'un conseil, d'une compagnie, d'un tribunal, d'une assemblée politique, d'un gouvernement et même d'un pays tout entier.

Trois parties : Exorde, Argumentation, Péroraison.

Ce genre de composition comporte donc trois parties : 1° l'*exorde*, dans lequel on expose l'origine, la nature, la portée et les limites de la question ; 2° l'*argumentation*, c'est-à-dire l'historique clair et net, la discussion méthodique des principaux points de la question ; 3° la *péroraison* ou conclusion brève du rapporteur. Cf. Rollin, *Traité des Études*, livre V, chap. I.

Ex. Rapport sur les inondations de l'Allier et de la Loire par M. Béhic (30 octobre 1866).

Le **dialogue** proprement dit est un *entretien de deux*, quelquefois de *trois personnes* et même davantage, bien qu'il faille éviter cette complication, au théâtre surtout, pour obéir au précepte d'**Horace**, qui condamnait absolument l'emploi d'un *quatrième* personnage. Les Grecs en admettaient deux, rarement trois.

11°
Dialogue.

Le dialogue entre pour une part assez importante dans les *paraboles,* dans les *fables. Ex.* **La Fontaine,** *le Savetier et le Financier,* — *le Loup et l'Agneau,* — *le Lièvre et la Tortue,* etc.

Le *nœud* de l'intrigue dans une narration est quelquefois traité sous forme de dialogue, mais il faut que celui-ci vienne à *propos*, qu'il soit *naturel* et *rapide*.

Le dialogue a été employé par les anciens et les modernes dans un grand nombre de traités philosophiques, moraux, littéraires et scientifiques.

Ses différentes espèces.

Ex. Chez les anciens, les *Dialogues* de Platon, de Xénophon, de Lucien, de Cicéron ; — en France, ceux de Fénelon : *Dialogues sur l'Éloquence,* — *Dialogues des Morts;* — de Malebranche, *Entretiens sur la métaphysique et la religion;* — de Vacherot, *la Métaphysique et la Science,* etc.

De nos jours, Alexandre Dumas père a été un maître incomparable dans l'art de faire parler plusieurs personnages de ses romans, de ses drames et de ses comédies.

Quand le dialogue comprend plus de *deux* personnages, il faut qu'il y en ait un qui dirige la discussion. *Ex.* **Socrate** dans les dialogues de Platon et de Xénophon ; — **Cicéron** dans celui qu'il a composé sur les *orateurs illustres de Rome;* — **Caton l'ancien** dans le dialogue du même écrivain sur *la Vieillesse;* — **Fénelon** dans ses *Dialogues sur l'Éloquence.* Il y a une distinction à établir entre ces noms, puisque tantôt le dialogue est supposé (Socrate, Caton), tantôt c'est l'écrivain lui-même qui prend la parole (Cicéron, Fénelon).

Le dialogue entre plusieurs personnages.

Il y a deux règles principales à observer dans le dialogue : 1° ne pas *substituer,* sous peine de monotonie, à un véritable dialogue une série de longs discours ; 2° *évi-*

Règles du dialogue.

ter des *répétitions* trop multipliées. (*Voir* le début des *Dialogues sur l'Éloquence* de Fénelon.)

12°
Dissertation.

La **dissertation** est le développement d'une pensée historique, littéraire, morale ou philosophique, telle que celle-ci, de Quintilien : *Pectus est quod disertos facit;* ou la maxime de Vauvenargues : *Les grandes pensées viennent du cœur.* Elle prouve la justesse des opinions et des idées ; elle s'adresse au raisonnement et à la raison.

On peut appliquer à ce genre de composition les règles de l'**invention** et de la **disposition**. Pour être bonne, une dissertation doit avoir un développement *clair, rigoureux* et *complet*; son style doit être *simple* et *sobre*.

Ses différentes espèces.

On distingue plusieurs espèces de dissertations, suivant l'objet de la pensée que l'on développe. Elle peut être : 1° **religieuse** : *Ex.* Le sentiment de la divinité (Bernardin de Saint-Pierre, *Études de la nature*); 2° **morale** ou **philosophique** : *Ex.* L'amour de la patrie (Châteaubriand, *Génie du christianisme*); — 3° **scientifique** : *Ex.* les Alluvions (Cuvier, *Discours sur les révolutions de la surface du globe*; — 4° **littéraire** : *Ex.* de l'imitation littéraire au dix-septième siècle (Villemain, *Discours d'ouverture du cours d'éloquence française*, 1824).

13°
Analyse littéraire.

L'**analyse littéraire** est un *compte rendu* plus ou moins court d'une œuvre écrite en vers ou en prose.

Il y en a de *deux* sortes. La première (c'est la plus simple) *résume*, quelquefois sans les juger, les idées ou les faits développés dans une composition plus ou moins étendue; l'autre, plus compliquée, mêle à cet exposé des observations pour faire ressortir les intentions de l'auteur, les beautés et les défauts de son œuvre. Elle ajoute l'*appréciation* au résumé.

Ex. : les analyses des pièces du théâtre classique, par La Harpe; — celle de la fable *le Chêne et le Roseau*, par Le Batteux; — celle du *Cid* de Corneille par Sainte-Beuve (*Nouveaux Lundis*, T. VII, p. 199 à 307).

L'analyse raisonnée des œuvres des grands écrivains est une excellente école de goût.

Conditions d'une bonne analyse.

Pour faire une bonne analyse, il faut satisfaire à *trois* conditions : 1° *déterminer l'idée générale* de la composition qu'on analyse; on le fait ordinairement par le *titre* ; 2° *énumérer les pensées principales* qui ont servi au développement de l'idée générale ; 3° *indiquer les idées ou faits accessoires* qui remplissent chaque paragraphe et examiner la manière dont l'auteur les a exprimés, c'est-à-dire juger son style.

Action.

RÉSUMÉ SYNOPTIQUE.

Voix.	Geste.	Physionomie.
Mémoire.		
EXERCICES DE RHÉTORIQUE (APPENDICE).		
Narration. Description … { scientifique, littéraire. Tableau. Portrait. Parallèle. Éloge. Discours … { politique, militaire, judiciaire, académique, religieux, etc.	Allégorie … { apologue, parabole, etc. Lettre. Rapport. Dialogue … { moral, philosophique, littéraire, scientifique. Dissertation … { religieuse, philosophique, scientifique, littéraire. Analyse littéraire … { simple, critique.	

Outre les traités anciens et modernes sur la rhétorique que nous avons cités dans le tableau de son histoire abrégée (p. 5 et 6), nous indiquerons, comme complément, les ouvrages suivants que nous avons souvent consultés avec profit :

VIDA : *Art poétique* (3 liv. en vers latins, 1527) ; — HUGUES BLAIR : *Cours de Rhétorique et de Belles lettres*, traduit de l'anglais par Prévost, 2 vol. in-8, 1821 ; — E. LAURENTIE : *De l'étude et de l'enseignement des lettres*, 2ᵉ édit. in-8, 1851 ; —

Bibliographie.

E. Talbot: *Principes de composition et de style*, in-12, 1855 — Hector Lemaire, *La Rhétorique des classes*, in-12, 1868 —Pellissier, *Principes de Rhétorique française*, in-12, 1873 — A. Henry, *Cours pratique et raisonné de style et de composition*, 2ᵉ édit., in-12, 1874; — Deltour: *Littérature française* (Principes de composition et de style) in-12, 1875; — Brisbarre, *Notions théoriques sur la Rhétorique*, in-12, 1876; — Gidel, *L'Art d'écrire enseigné par les grands maîtres*, 1 vol. in-12, 1878, etc.

LITTÉRATURE

Tableau synthétique de la littérature.

PREMIÈRE PARTIE. — ÉTUDE DES GENRES LITTÉRAIRES.

POÉSIE.

Versification : 1° *grecque*, 2° *latine*, 3° *française*.
Différents genres de composition en vers.

GENRES.	DIVISIONS.
1° **Lyrique**	Ode, Élégie, Chanson, Rondeau, Ballade, Sonnet, etc.
2° **Épique**	Épopée. Poème { héroïque, ou historique, héroï-comique. }
3° **Dramatique**	Genre tragique. { Tragédie, Drame, Mélodramme, Opéra, etc. } Genre comique. { Comédie, Vaudeville, Opéra-comique, etc. }
4° **Didactique**	Poëme descriptif, Fable ou apologue, Epitre, Satire, etc.
5° **Pastoral**	Idylle, Églogue.

PROSE.

Prose : 1° *grecque*, 2° *latine*, 3° *française*.
Différents genres de composition en prose.

GENRES.	DIVISIONS.
1° **Oratoire**	Éloquence : politique, militaire, judiciaire, sacrée, académique.
2° **Historique**	Histoire proprement dite, Annales ou chroniques, Mémoires, Biographie, Histoire littéraire.
3° **Didactique et philosoph.que**	Traités { religieux, philosophiques, littéraires, artistiques, scientifiques. }
4° **Romanesque**	Roman, Conte, Nouvelle.
5° **Épistolaire**	Lettres { philosophiques, familières. }

DEUXIÈME PARTIE.

Histoire littéraire { Littérature grecque. Littérature latine. Littérature française. }

PREMIÈRE PARTIE.

ÉTUDE DES GENRES LITTÉRAIRES.

INTRODUCTION.

La **Littérature** est, dans le sens le plus étendu du mot, *la théorie générale et l'histoire critique des œuvres de l'esprit humain*.

Elle comprend donc : 1° l'**Étude des genres littéraires** et des règles auxquelles ils sont soumis ; 2° l'**Histoire littéraire**, c'est-à-dire le tableau et l'appréciation des œuvres composées par les écrivains dans les différents genres et aux diverses époques.

On distingue toutefois la **littérature** proprement dite de la **science** et de l'**érudition** pure, dont elle exprime les résultats généraux et qu'elle ne fait qu'effleurer.

Les productions littéraires se divisent en deux grandes classes : les œuvres **poétiques**, et les œuvres en **prose**.

Dans l'ordre des faits généraux de l'humanité, la prose a précédé les vers, mais dans celui des faits particuliers de l'histoire littéraire, la poésie a précédé la prose. Le jour où l'homme a exprimé sa pensée par des mots, il a fait de la prose sans le savoir comme le bourgeois gentilhomme de Molière ; mais quand il a voulu donner à sa pensée une forme plus vive, capable d'entraîner et de charmer l'imagination, il a imposé un rhythme à sa parole et a fait de la poésie. Le vers est la première forme littéraire de l'esprit humain.

Littérature.
Définition
et
division.

Poésie
et
prose.
Leur origine.

Conditions d'une œuvre littéraire. Pour composer des ouvrages en vers ou en prose, pour en faire une étude critique, il faut certaines qualités spéciales, sans lesquelles il n'y a pas d'œuvre véritablement littéraire : le **génie**, l'**imagination**, le **talent**, l'**esprit** et le **goût**.

Génie. Le **génie** est la faculté naturelle de **créer** et de donner à ses conceptions une forme originale et puissante. Cette supériorité d'esprit est rare et l'on compte les hommes de génie.

Imagination. L'**imagination** est la faculté de nous représenter les objets sous les couleurs les plus vives. Elle est l'attribut spécial du génie, qui ne peut créer sans imagination. Toutefois, elle doit être réglée par un goût sage et éclairé.

Talent. Le **talent** est une aptitude naturelle ou acquise à disposer avec habileté les éléments d'une œuvre littéraire et à les revêtir d'une forme élégante et agréable.

Esprit. L'**esprit** est cette qualité par laquelle on saisit facilement les rapports plus ou moins éloignés des choses, et qui permet de donner à la pensée un tour piquant.

Goût. Le **goût**, en littérature, est un discernement vif, net, précis des beautés et des défauts d'une œuvre littéraire. C'est un sentiment qui guide dans la composition ou dans la critique des ouvrages de l'esprit ; il arrête les écarts du génie et du talent.

Définition de ces mots par des exemples. Pour faire mieux saisir le sens de ces mots, qui échappent à une définition complète, indiquons quelques écrivains célèbres chez lesquels ces dons se rencontrent, soit isolés, soit réunis. **Bossuet** les possède tous à divers degrés, mais c'est le génie qui domine. **Racine** les possède tous aussi, mais chez lui, c'est le talent qui l'emporte. **Corneille** a le génie, mais le goût lui manque quelquefois. **Boileau** a du talent, de l'esprit, beaucoup de goût, peu d'imagination. **La Bruyère** a surtout du talent et de l'esprit.

Classification des écrivains. On pourrait diviser les écrivains en trois classes : 1° les *hommes de génie*, 2° les *hommes de talent*, 3° ceux qui *écrivent* d'une façon convenable, mais sans éclat ni élévation, si toutefois ces derniers méritent le nom d'*écrivains*.

I

Poésie.

Le mot **poésie**, suivant son étymologie (ποιέω, je fais), implique l'idée de *création*; cependant, toute création n'est pas poétique. La poésie n'est pas l'histoire minutieuse et exacte de la vie humaine ; elle en est seulement l'imitation et la peinture (*ut pictura, poesis*, a dit Horace).

Outre les conditions générales communes à toutes les productions de l'esprit humain (*génie, imagination, talent, esprit* et *goût*), les conditions essentielles de la poésie sont :

1° L'*inspiration*, ou état de l'âme qui élève le poëte au-dessus des choses vulgaires et lui permet de concevoir et d'exécuter une œuvre, pour ainsi dire, tout d'un trait;

2° L'*enthousiasme*, ou exaltation produite par la vue ou la pensée de grandes choses;

3° Enfin, la *sensibilité*, ou disposition à être ému.

L'ensemble de ces qualités est ce qu'on appelle le **génie poétique**.

La poésie a trois principaux caractères :

1° Elle *idéalise le monde réel* en le dégageant des imperfections accidentelles et passagères, en peignant non-seulement ce qui est, mais encore ce qui pourrait être, (beau idéal);

2° Elle *spiritualise le monde physique* en prêtant à la nature, même insensible, la pensée, le sentiment et la vie;

3° Elle *matérialise le monde moral* en donnant des formes visibles aux êtres spirituels.

Outre ces principaux caractères, ces conditions et ces qualités essentielles, la poésie a besoin d'une langue musicale, harmonieuse, presque toujours *rhythmée*, qui charme l'oreille en touchant le cœur. C'est la **langue poétique**, et l'art qui en varie la structure et la soumet à un rhythme cadencé s'appelle *art des vers*, ou **versification**.

Marginalia:
Poésie. Sa définition.
Ses conditions essentielles
Inspiration.
Enthousiasme.
Sensibilité.
Trois principaux caractères de la poésie.
Langue poétique.

Caractères de la langue poétique.

La langue poétique se distingue par des expressions et des tours hardis, les grandes images, la couleur et l'éclat. Elle aime les **figures de mots**, telles que l'*ellipse*, l'*inversion*, etc.; elle use des **figures de pensée** les plus saisissantes (*métaphore, hyperbole, prosopopée*, etc.).

Versification.

La **versification** est l'art de soumettre la langue poétique à un rhythme, à une cadence et à une mesure. La mesure dépend du nombre et de la longueur des syllabes ; le rhythme et la cadence résultent de l'harmonie propre des mots et de leur combinaison dans la période poétique.

Différence de la poésie et de la versification.

Toutefois, la versification n'est pas la poésie ; elle en est une partie considérable, mais ce n'est qu'un outil merveilleux, qui donne à la pensée *pressée aux pieds nombreux du vers, l'éclat du son de la trompette*, selon l'expression de Montaigne. La poésie est une *création du génie* et l'œuvre des grands maîtres ; la versification est l'ensemble des observations faites sur ces maîtres depuis l'antiquité jusqu'à nos jours, le *code des règles inspirées par les chefs-d'œuvre* pour déterminer les genres poétiques et appliquer à chacun les principes dictés par le goût. Ce code s'appelle l'**art poétique**. Il exige chez celui qui le compose, le goût, la science et un peu de l'âme du poëte.

Art poétique.

Prose poétique.

La versification est un instrument dont le sentiment poétique peut à la rigueur se passer. On en trouve d'heureux exemples dans la prose de BOSSUET, et dans celle de quelques écrivains de nos jours (MICHELET, QUINET, G. SAND, TH. GAUTIER, P. DE SAINT-VICTOR, etc.); cependant on ne doit admettre le *sentiment poétique* en prose qu'autant qu'il ne devient pas un défaut par l'abus des synonymes, des épithètes, des périphrases, par la recherche des expressions et des tours exclusivement employés dans les vers. Dans ce cas, la **prose poétique** est un **genre faux**, et il ne faut pas l'imiter, malgré des exemples illustres à des degrés divers (le *Télémaque* de FÉNELON, *les Incas* de MARMONTEL, *les Martyrs* de CHATEAUBRIAND, la *Gaule poétique* de MARCHANGY, les *poëmes en prose* de Ch. BAUDELAIRE, et le *Gaspard de la nuit* de LOUIS BERTRAND, si admiré de Sainte-Beuve).

Genre faux.

FÉNELON, CHATEAUBRIAND, etc.

1º VERSIFICATION CHEZ LES GRECS ET LES LATINS.

Chez les **Grecs** et les **Latins**, les vers étaient *métriques*, c'est-à-dire mesurés sur la quantité des syllabes longues et brèves dont les combinaisons forment ce qu'on appelle *pieds*. Leur double **prosodie** comprenait à peu près les mêmes pieds et les mêmes espèces de vers. Les principaux pieds étaient :

Prosodie grecque et latine.
Leurs caractères.

1º Le SPONDÉE ...	deux longues	gēntēs;
2º L'IAMBE	une brève et une longue...	dĭēs;
3º Le TROCHÉE ...	une longue et une brève ..	Rōmă;
4º Le DACTYLE ...	une longue et deux brèves.	cārmĭnă;
5º L'ANAPESTE ...	deux brèves et une longue.	pătrĭaē;
6º Le TRIBRAQUE .	trois brèves	ăgĕrĕ.

Principaux pieds.

Le DACTYLE et le SPONDÉE sont les pieds les plus usités, excepté chez les poëtes lyriques.

On distingue deux principes dans la versification latine : 1º la **césure** (*cædere*, couper), syllabe longue qui finit un mot et commence un pied ; 2º l'**Élision** (*elidere*, briser, annuler), qui est la suppression d'une syllabe à la fin d'un mot.

Prosodie latine.

Césure. élision.

Il y a plusieurs sortes de vers; les plus usités sont :

1º L'**hexamètre** (ἕξ, six, μέτρον, mesure) se compose de *six pieds*; les quatre premiers sont dactyles ou spondées, le cinquième dactyle, le sixième spondée.

Hexamètre.

Ex. : Nōs pătrĭ|ae fī|nēs ĕt | dūlcĭă | līnquĭmŭs | ārvā.
(VIRGILE, *Egl.* I, vers 3.)

2º Le **pentamètre** (πέντε, cinq, — μέτρον, mesure), ou *élégiaque*, se compose de *cinq pieds* partagés en deux hémistiches ; le premier formé de spondées ou de dactyles suivis d'une césure, le second de deux dactyles également accompagnés d'une césure.

Pentamètre.

Ex. : Dīffŭgĭ|ūnt ăvĭ|dōs | cārmĭnă | sōlă rŏ|gōs.
(OVIDE, *Amours*, III, IX, 28.)

On appelle **distique** la réunion de l'hexamètre et du pentamètre.

Distique.

L'**asclépiade**, le **saphique**, attribué à Sapho, l'**alcaïque**, attribué à Alcée, sont des variétés du pentamètre. (*Voir* les Prosodies pour les règles particulières.)

Iambique.   3° L'**ïambique** est pur, c'est-à-dire composé uniquement d'ïambes,

Ex. :   Bĕā|tŭs ĭl|lĕ quī|prŏcŭl|nĕgō|tĭīs.
(Horace, *Epod.* II, vers 1.)

ou il est mêlé à d'autres pieds ; mais le second, le quatrième et le sixième sont nécessairement des ïambes,

Ex. : Aūt prē|ssā pū|rīs mē|llā cōn|dĭt ām|phŏrīs.
(Horace, *Epod.* II, vers 15.)

Prosodie grecque.   Il est beaucoup plus difficile de fixer la **prosodie grecque** que la **prosodie latine**. Toutefois, on peut remarquer dans la première la *complète indépendance de la quantité et des accents*. Quant aux différentes formes de vers, les poëtes n'ont employé que l'*hexamètre* pour l'épopée, le genre didactique, etc. ; l'*ïambe trimètre* dans le dialogue de la poésie dramatique (tragédie et comédie) ; les vers *saphique* et *alcaïque* dans la poésie lyrique. Le retour périodique de la *strophe*, de l'*antistrophe* et de l'*épode* répondait aux trois évolutions du chœur dans la *poésie chorique* de la tragédie. Les *hymnes* de Pindare n'ont pas encore leur métrique déterminée d'une manière certaine.

Accent tonique.   La **poésie grecque** empruntait une puissance musicale, dont nous ne pouvons guère nous faire une idée, à l'usage de l'*accent tonique* qui élevait la notation de quelques syllabes, sans en augmenter ni diminuer la durée. Le *temps fort* sur lequel la voix montait s'appelait ἄρσις, et le *temps faible* où la voix s'abaissait prenait le nom de θέσις.

Temps fort.
Temps faible.

2° VERSIFICATION FRANÇAISE.

Points principaux de la versification française.   Les **vers français** sont *syllabiques*, c'est-à-dire composés d'un nombre déterminé de syllabes.

Il y a huit points principaux à étudier dans la versification française :

1° La **mesure** des vers.   5° La **rime**.
2° La **nature** des syllabes.   6° Les **licences** poétiques.
3° La **césure**.   7° L'**enjambement**.
4° L'**élision**.   8° L'**hiatus**.

POÉSIE. — VERSIFICATION FRANÇAISE

La mesure est le nombre de syllabes qui forment un vers.

Mesure.

On distingue *douze sortes* de mesures ou de vers d'après le nombre des syllabes, de *une* à *douze*. Les vers le plus souvent employés sont ceux de *douze*, de *dix*, de *huit*, de *sept* et de *six* syllabes; les autres le sont beaucoup moins.

1° Le vers de *douze syllabes* :

Vers de douze syllabes.

$$\underset{1}{Ce}|\underset{2}{lui}|\underset{3}{qui}|\underset{4}{met}|\underset{5}{un}|\underset{6}{frein}|\underset{7}{à}|\underset{8}{la}|\underset{9}{fu}|\underset{10}{reur}|\underset{11}{des}|\underset{12}{flots}$$
(RACINE, *Athalie*, acte I, scène I.)

s'appelle **alexandrin**, parce qu'il fut, dit-on, employé pour la première fois au douzième siècle par **Alexandre de Bernay**, ou de Paris, continuateur d'un *Roman* en vers sur Alexandre le Grand.

Le *poëme épique*, la *tragédie*, la *comédie* et le *poëme didactique* sont écrits en vers de *douze syllabes*.

2° Les vers de *neuf* et de *onze syllabes* sont presque inusités.

de onze et de neuf syllabes;

3° Le vers de *dix* syllabes, vif et rapide, est employé surtout dans les récits familiers et enjoués : l'*épître*, la *satire*, l'*épigramme*, etc.; la césure se place après le quatrième pied.

de dix syllabes;

Ex. : $\underset{1}{Cré}|\underset{2}{qui}|\underset{3}{pre}|\underset{4}{tend}|\underset{5}{qu'O}|\underset{6}{reste}|\underset{7}{est}|\underset{8}{un}|\underset{9}{pauvre}|\underset{10}{homme,}$

$\underset{1}{Qui}|\underset{2}{sou}|\underset{3}{tient}|\underset{4}{mal}|\underset{5}{le}|\underset{6}{rang}|\underset{7}{d'am}|\underset{8}{ba}|\underset{9}{ssa}|\underset{10}{deur.}$
(J. RACINE, *Épigrammes*, III, v. 1 et 2.)

4° Le vers de *huit* syllabes n'est pas soumis à la règle de la césure, mais le mouvement de la période le rend très-harmonieux.

de huit syllabes;

Ex. : Je porte | en un cœur tout chrétien
Une flamme | toute divine.
(P. CORNEILLE, *Polyeucte*, acte IV, scène II.)

5° Le vers de *sept* syllabes, plus rare que les précédents, est très-harmonieux.

de sept syllabes;

Ex. : Jupiter, voyant nos fautes,
Dit un jour, du haut des airs :
Remplissons de nouveaux hôtes
Les cantons de l'univers
Habités par cette race
Qui m'importune et me lasse.
(LA FONTAINE, *Jupiter et les Tonnerres*, VIII, 20.)

Vers de six syllabes;

6° Le vers de *six* syllabes ou demi-alexandrin va rarement seul, et se combine avec celui de douze syllabes.

> *Ex.*: Mais elle était du monde où les plus belles choses
> Ont le pire destin;
> Et rose, elle a vécu ce que vivent les roses,
> L'espace d'un matin.
> (MALHERBE, *Consolation à du Perrier*.)

de cinq syllabes;

7° Le vers de *cinq* syllabes est encore harmonieux.

> *Ex.*: Dans ces prés fleuris
> Qu'arrose la Seine,
> Cherchez qui vous mène,
> Mes chères brebis, etc....
> (Mme DESHOULIÈRES, *Vers à ses enfants*.)

de quatre syllabes;

8° Le vers de *quatre* syllabes se trouve ordinairement mêlé à des vers de mesure différente.

> *Ex.*: .... les coiffeuses
> Et les brodeuses,
> Les joyaux, les robes de prix, etc.
> (LA FONTAINE, *Testament expliqué par Ésope*, II, 20.)

de trois syllabes;

9° Il en est de même du vers de *trois* syllabes.

> *Ex.*: La perfide descend tout droit
> A l'endroit
> Où la laie était en gésine.
> (LA FONTAINE, *L'Aigle, la Laie et la Chatte*, III, 6.)

de deux syllabes;

10° Le vers de *deux* syllabes se rencontre dans Marot, dans La Fontaine et chez quelques-uns de nos poëtes contemporains.

> *Ex.*: C'est promettre beaucoup : mais qu'en sort-il souvent?
> Du vent.
> (LA FONTAINE, *La Montagne qui accouche*, V, 10.)

d'une syllabe.

11° On trouve des vers d'une *seule* syllabe.

> *Ex.*: On y [à Paris] voit des commis
> Mis
> Comme des princes,
> Après être venus
> Nus
> De leurs provinces.
> (PANARD, *Œuv.*, t. III, p. 21, édit. Gouffé, — *Vaudeville en écho*.)

Ces dernières formes de vers, de *cinq*, de *quatre*, de *trois*, de *deux* et surtout d'*une* syllabe, sont rarement employées.

Les syllabes sont *muettes* ou *sonores*. La syllabe *muette* est celle qui, à la fin d'un mot, finit par un *e* muet, tantôt seul, tantôt suivi de *s* ou de *nt*. Ex. : *je loue, tu loues, ils louent*. La syllabe *sonore* est celle qui fait entendre un son fort après la consonne du radical.

Nature des syllabes.

La césure est le repos plus ou moins sensible qui coupe le vers en deux parties, dont chacune est un *hémistiche*, au milieu desquels elle se place ordinairement. **Boileau** a joint l'exemple au précepte dans les vers suivants, où la *césure* se trouve plus accusée :

Césure.

Hémistiche.

Que toujours, dans vos vers, | le sens coupant les mots,
Suspende l'hémistiche, | en marque le repos.
(*Art poét.*, chant I, vers 105 et 106.)

Les vers de *dix* syllabes ont la césure après le quatrième, rarement après le cinquième pied. Elle n'est ni obligatoire, ni déterminée dans aucune autre espèce de vers. Nos grands poëtes n'ont pas toujours observé rigoureusement cette règle de la *césure* et on pourrait citer de nombreux exemples de leur liberté à cet égard.

L'élision est le retranchement de l'*e* muet devant une voyelle. A la fin des vers, où il forme les rimes féminines, l'*e* muet ne compte pas ; il en est de même devant une syllabe ou une *h* muette.

Élision.

Ex. : Oui, c'est Agamemnon, c'est ton roi qui t'éveille.
(J. RACINE, *Iphigénie*, acte I, scène I.)

La rime (corruption euphonique du mot *rhythme*) est la consonnance finale de deux ou plusieurs vers. Indispensable dans la versification française, où l'*accent tonique* n'existe presque pas, elle est avec la césure et le nombre des syllabes, la condition nécessaire de l'harmonie dans notre langue poétique où, malgré quelques essais de Voltaire, de Marmontel et de Vauvenargues, on n'a jamais pu faire admettre les *vers blancs*, c'est-à-dire sans rime. Les poëtes anglais, allemands et italiens en ont fait usage assez heureusement.

Rime.

La rime est *masculine*, c'est-à-dire terminée par une syllabe fermée et un son plein, ou *féminine*, c'est-à-dire terminée par un *e* muet ou suivi de *s* ou de *nt*. On remarquera que les vers finissant par une rime féminine ont réellement une syllabe de plus que les autres, puisque la syllabe muette ne compte pas.

masculin
ou fémi

Rime riche. La rime *riche* est formée par deux ou plusieurs syllabes identiques (*auteur, hauteur, souvenir, revenir*).

> *Ex.* : Enfant, on me disait que les voix sibyl*lines*
> Promettaient l'avenir aux murs des sept col*lines*, etc.
> (Victor Hugo, *Odes*, livre IV, ode xv.)

suffisante. La rime est *suffisante*, lorsqu'il y a conformité dans la désinence.

> *Ex.* : Certes, plus je médite, et moins je me fi*gure*
> Que vous m'osiez compter pour votre créa*ture* ; etc.
> (J. Racine, *Britannicus*, acte I, scène ii.)

Rimes plates, Les rimes *plates* sont celles qui se suivent deux à deux comme dans le vers alexandrin, deux vers masculins et deux vers féminins, ou réciproquement.

croisées, Les rimes *croisées* sont celles où les vers masculins et féminins sont entrelacés.

> *Ex.* : Éperdu, l'œil fixé sur quiconque était roi,
> Comme un aigle arrivé sur une haute cime,
> Il cria, tout joyeux, avec un air sublime :
> « L'avenir ! l'avenir ! l'avenir est à moi ! »
> (V. Hugo, *Chants du crépuscule*, v.)

mêlées, Les rimes *mêlées* sont celles qui ne sont pas disposées dans un ordre uniforme. Elles sont employées dans les *vers libres*.

> *Ex.* : Un mal qui répand la terreur,
> Mal que le ciel en sa fureur
> Inventa pour punir les crimes de la terre,
> La peste (puisqu'il faut l'appeler par son nom),
> Capable d'enrichir en un jour l'Achéron,
> Faisait aux animaux la guerre.
> (La Fontaine, *Les Animaux malades de la peste*, VII, 1.)

redoublées. Les rimes sont *redoublées* quand trois vers de suite au moins se terminent par la même consonnance.

> *Ex.* : Cieux, écoutez ma voix ; terre, prête l'oreille.
> Ne dis plus, ô Jacob, que ton Seigneur sommeille !
> Pécheurs, disparaissez : le Seigneur se réveille.
> (J. Racine, *Athalie*, acte III, scène vii.)

Stances. Strophes. Couplets. On appelle **stances, strophes** et **couplets** une réunion de vers à rimes *fixes*, de mesure *égale* ou *inégale*, qui entrent librement dans les petites pièces, s'enlacent symétriquement dans la poésie lyrique, et après lesquels le sens est généralement achevé.

Le **tercet** est une pensée développée en trois vers, le **quatrain** en quatre, le **sixain** en six, le **dizain** en dix,

On appelle **licences poétiques** des dérogations aux règles de la versification. — *Licences poétiques.*

Ex. Encor pour *encore*, — *avecques* pour *avec*.

De tout temps les poëtes ont joui de ces libertés, et l'on peut leur appliquer à ce sujet ce qu'Horace disait des conceptions poétiques :

> Pictoribus atque poetis
> Quidlibet audendi semper fuit æqua potestas.
> (Horace, *Art poét.*, vers 9 et 10.)

On dit qu'un vers enjambe sur l'autre lorsque le sens commence dans un vers et s'achève dans la première partie du vers suivant, quelquefois au-delà. — *Enjambement.*

> Puis donc qu'on nous permet de *prendre*
> Haleine, et que l'on nous défend de nous étendre, etc.
> (J. Racine, *les Plaideurs*, acte III, scène iii.)

> Et fait si bien qu'il *déracine*
> Celui de qui la tête au ciel était voisine.
> (La Fontaine, *le Chên. et le Roseau*, I, 22.)

L'enjambement ou *rejet* est familier au vers latin dont il varie la cadence. Cette construction poétique, fréquemment employée dans la versification française, au xv° et surtout au xvi° siècle par Ronsard, d'Aubigné, etc., en a été bannie au commencement du xvii° par Malherbe, bien que l'on en trouve des exemples dans Corneille, Molière, La Fontaine, Racine (*les Plaideurs*), etc. Boileau a consacré cette proscription par ses préceptes. Dans notre poésie moderne, l'*enjambement* a repris faveur, et souvent il produit beaucoup d'effet dans les œuvres d'André Chénier, de Lamartine, de Victor Hugo, d'Alfred de Musset, etc. L'effet est d'autant plus grand qu'on en abuse moins. — *L'enjambement est usité aux xv° et xvi° s., proscrit au xvii°, admis au xix°.*

L'hiatus est le choc, sans élision possible, de deux voyelles, dont l'une se trouve à la fin d'un mot et l'autre au commencement du mot suivant. — *Hiatus.*

> Gardez qu'une voyelle à courir trop hâtée
> Ne soit d'une voyelle en son chemin heurtée.
> (Boileau, *Art. poét.*, chant I, vers 107 et 108.)

L'hiatus, fréquemment usité chez les poëtes du xv° et du xvi° siècles, proscrit par Malherbe et Boileau, a été admis par La Fontaine toutes les fois que l'oreille n'était pas blessée. *Ex.* : *Çà et là*, *va et vient*, etc., expressions qu'il emploie comme si elles n'étaient qu'un seul mot. — *L'hiatus est usité aux xv° et xvi° s., proscrit au xvii°.*

Résumé synoptique de la versification.

VERSIFICATION	
Grecque et latine.	**Française.**
Principaux pieds — Spondée, Iambe, Trochée, Dactyle, Anapeste, Tribraque, etc.,	**Mesure** — douze, dix, huit, sept, six, cinq, etc. syllabes.
Principes de versification. — Césure, Élision.	**Nature des syllabes** — muettes, sonores.
	Principes de versification. — Césure, Hémistiche, Élision.
Différentes espèces de vers. — Hexamètre, Pentamètre, Asclépiade, Saphique, Alcaïque, Iambique, etc.	**Rime.** — masculine, féminine, riche, suffisante, plate, croisée, etc.
Chez les Grecs seulement — Accent tonique, Temps fort, faible.	**Licences poétiques,** Enjambement, Hiatus.

Des genres de composition en vers, et de leurs caractères.

Genres littéraires. On appelle genres en littérature les grandes divisions, soit en *vers*, soit en *prose*, des diverses conceptions des écrivains, déterminées d'après leurs caractères propres et leurs différences relatives.

En poésie comme en prose, les genres ne représentent pas des divisions rigoureuses ; ils se touchent par beaucoup de points.

Genres poétiques. Nous nous occuperons d'abord des **genres poétiques** dont les caractères ont été marqués par la nature à l'origine même de la poésie. Plus tard, la critique a séparé les genres et classé les œuvres des poëtes.

POÉSIE. — GENRE LYRIQUE.

Nous avons laissé de côté les anciennes classifications, qui consistaient à diviser les **œuvres poétiques** en *grands genres* et en *petits genres*, *genres principaux* et *genres secondaires*, *grands* et *petits poëmes*, *poésies légères et fugitives*. Pas plus pour la poésie que pour la prose, cette **classification** n'a sa raison d'être ; elle n'a rien de précis et d'absolu. Il nous suffira, pour en montrer le ridicule, de citer la **satire** et la **fable**, que l'on rangeait parmi les *petits genres* ou *genres secondaires*. L'une peut atteindre une étendue de neuf mille vers, comme *les Tragiques* d'Agrippa d'Aubigné, qui ne sont autre chose qu'une satire ; l'autre, que l'on classe parmi les petits genres, a produit une série de chefs-d'œuvre inimitables sous la plume de La Fontaine. Tout le monde convient aussi, avec Boileau, qu'un excellent **sonnet** vaut mieux qu'un poëme d'une longueur démesurée, dont l'action serait peu intéressante et la versification sans éclat.

Critique des anciennes classifications des genres littéraires.

Nous nous sommes bornés à diviser d'une façon générale les œuvres poétiques en cinq **genres**: 1° **lyrique**, 2° **épique**, 3° **dramatique**, 4° **didactique**, 5° **pastoral**. Nous avons fait rentrer dans ces cinq catégories les prétendus *genres secondaires*, suivant qu'ils s'y rattachent plus ou moins directement, ou par la nature de leur sujet, ou par la forme qu'ils revêtent.

Nouvelle division en cinq genres.

Nous avons terminé par quelques mots sur certaines **curiosités poétiques** qui n'appartiennent à aucun genre et ne sont guère que des jeux d'esprit.

1° GENRE LYRIQUE.

La **poésie lyrique** est l'*expression la plus hardie de la pensée et du sentiment*.

Poésie lyrique. Sa définition.

Ainsi nommée, parce que les premiers poëtes accompagnaient leurs chants de la *lyre* ou d'un instrument analogue, elle embrasse tous les poëmes où l'auteur exprime les mouvements les plus vifs de l'âme humaine, depuis l'enthousiasme religieux jusqu'aux passions profanes. Nous avons gardé le nom, mais la chose elle-même s'est modifiée bien souvent, dans tous les temps et chez tous les peuples.

LITTÉRATURE.

Conditions, Caractère, But de la poésie lyrique.

Une *imagination brillante*, une *âme inspirée* sont les conditions essentielles de toute poésie lyrique.

Le caractère général de la **poésie lyrique** est d'être toujours *libre* et *spontanée*. Son but est de toucher l'âme par tous les moyens qu'il plaît au poëte d'employer.

Strophes les plus propres à la poésie lyrique.

Les strophes les plus propres à l'expression de la poésie lyrique sont celles de *huit* et de *dix* vers, les *alexandrins* avec de petits vers, les *tercets* et deux autres rhythmes empruntés à l'Italie, la *terza rima*, et la strophe de six vers adoptée par Racan et A. de Musset dans plusieurs de leurs poëmes.

Une *strophe* appelée à rendre de grands services à la poésie française, c'est celle de *sept vers*, dont les deux derniers sont terminés par des rimes masculines. C'est de nos jours seulement qu'un poëte de talent, E. Grenier, l'a employée pour la première fois et avec succès d'abord dans son poëme de l'*Elkovan*, et, plus tard, dans celui de *Marcel*.

Ode.

La forme la plus ordinaire de la poésie lyrique est l'ode (ὠδή, chant). Pour Boileau, elle la résume tout entière.

> L'ode, avec plus d'éclat et non moins d'énergie,
> Élevant jusqu'au ciel son vol ambitieux,
> Entretient dans ses vers commerce avec les dieux ; etc.
> (*Art poét.*, chant II, du v. 58 au v. 72.)

Sa définition.

L'ode est un poëme composé d'une suite de strophes ou de stances, tantôt égales entre elles, tantôt mêlées de grands et de petits vers, quelquefois aussi de vers libres.

Six espèces d'odes.

1° l'ode sacrée, 4° l'ode badine,
2° l'ode héroïque, 5° l'odelette,
3° l'ode morale, 6° la cantate.

Ode sacrée.

1° L'**ode sacrée** (*hymne* ou *cantique*) chante la Divinité.

Ex. *Cantiques* de Moïse, — *Psaumes* de David, etc.

héroïque.

2° L'**ode héroïque** célèbre les demi-dieux et les grands hommes, les héros de tous les temps et de tous les pays.

> *Ex.* : Est-ce une illusion soudaine
> Qui trompe nos regards surpris ? etc.
> (J. J. Rousseau, liv. III, ode II,
> *au prince Eugène de Savoie.*)

A LA COLONNE DE LA PLACE VENDÔME.

O monument vengeur ! Trophée indélébile !
Bronze qui, tournoyant sur ta base immobile,
Sembles porter au ciel ta gloire et ton néant,
Et, de tout ce qu'a fait une main colossale,
Seul es resté debout ; — ruine triomphale
    De l'édifice du géant !

Débris du Grand Empire et de la Grande Armée,
Colonne, d'où si haut parle la renommée !
Je t'aime : l'étranger t'admire avec effroi.
J'aime tes vieux héros, sculptés par la Victoire,
    Et tous ces fantômes de gloire
    Qui se pressent autour de toi.

J'aime à voir sur tes flancs, Colonne étincelante,
Revivre ces soldats qu'en leur onde sanglante
Ont roulés le Danube, et le Rhin, et le Pô !
Tu mets comme un guerrier le pied sur ta conquête.
J'aime ton piédestal d'armures, et ta tête
    Dont le panache est un drapeau !

Au bronze de Henri mon orgueil te marie :
J'aime à vous voir tous deux, honneur de la patrie,
Immortels, dominant nos troubles passagers,
Sortir, signes jumeaux d'amour et de colère,
    Lui, de l'épargne populaire,
    Toi, des arsenaux étrangers !

Que de fois, tu le sais, quand la nuit sous ses voiles
Fait fuir la blanche lune ou trembler les étoiles,
Je viens, triste, évoquer tes fastes devant moi,
Et, d'un œil enflammé dévorant ton histoire,
Prendre, convive obscur, ma part de tant de gloire,
    Comme un Pâtre au banquet du Roi !

Que de fois j'ai cru voir, ô Colonne française,
Ton airain ennemi rugir dans la fournaise !
Que de fois, ranimant tes combattants épars,
Heurtant sur tes parois leurs armes dérouillées,
    J'ai ressuscité ces mêlées
    Qui t'assiégent de toutes parts !

Jamais, ô monument, même ivres de leur nombre,
Les étrangers sans peur n'ont passé sous ton ombre.
Leurs pas n'ébranlent point ton bronze souverain.
Quand le sort une fois les poussa vers nos rives,
Ils n'osaient étaler leurs parades oisives
    Devant tes batailles d'airain etc. !
        (V. Hugo, *Odes*, liv. III, 7.)

Lire aussi l'ode de Lamartine sur BONAPARTE (*Nouvelles méditations poétiques*, VII), etc.

Ode morale.   3° **L'ode morale** traite dans un langage élevé des grandes vérités morales ou philosophiques, et des problèmes de la destinée humaine.

Ex. Ode de J.-B. Rousseau sur l'aveuglement des hommes :

> Qu'aux accents de ma voix la terre se réveille, etc.

Le Chrétien mourant, de Lamartine :

> Qu'entends-je ? autour de moi l'airain sacré résonne !
> (*Premières méditations*, xxxiii.)

badine.   4° **L'ode badine**, à laquelle Anacréon a donné son nom (*ode anacréontique*), roule sur des sujets légers ou gracieux. Elle chante le vin et le plaisir.

Odelette.   5° **L'odelette** ou ode *sentimentale*, est l'expression délicate des sentiments d'un cœur ardent, dans des stances curieusement ouvragées.

Cantate.   6° La **cantate** est une espèce d'ode, tantôt du genre héroïque, tantôt du genre gracieux, mêlée d'airs chantés et de récitatifs non mesurés. Ex. J.-B. Rousseau., *Cantate de Circé* (genre héroïque), *cantate de Céphale* (genre gracieux), etc.

Autres genres de poésie lyrique.   On peut comprendre dans le genre lyrique de petits **poëmes** qui, surtout chez les modernes, sans avoir l'enthousiasme et les élans passionnés de l'ode, ont cependant, sous les formes variées des *stances*, emprunté quelque chose de cette poésie.

Dans un petit cadre et suivant sa fantaisie, le poëte exprime, tantôt avec mélancolie, tantôt avec gaieté, toujours avec délicatesse, les sentiments joyeux de l'âme ou ses angoisses infinies. Voici le tableau de ces petits poëmes, dont quelques-uns ont une forme fixe :

PETITS POËMES LYRIQUES		
A FORME LIBRE.	A FORME FIXE.	
1° L'**élégie**,	1° Le **lai**,	7° Le **triolet**,
2° L'**épithalame**,	2° Le **virelai**,	8° La **ballade**,
3° Le **madrigal**,	3° La **villanelle**,	9° La **double ballade**,
4° La **chanson**.	4° Le **rondel**,	10° Le **chant royal**,
	5° Le **rondeau**,	12° Le **sonnet**.
	6° Le **rondeau redoublé**,	

L'élégie (ἐλεγεία) est un chant de douleur ou de joie, tour à tour gracieux, tendre et passionné :

> La plaintive élégie, en longs habits de deuil,
> Sait, les cheveux épars, gémir sur un cercueil, etc.
> (BOILEAU, *Art poét.*, chant II, vers 39 et suiv.)

L'élégie est *individuelle* quand elle a pour sujet des malheurs privés; elle est *sociale* quand elle est l'expression des misères de tout un peuple. Le mot *élégie* ne vient pas de ἒ, hélas, λέγω, je dis; car cette étymologie très-répandue est contraire aux lois philologiques. Son origine est l'ἐλεγεῖον qui désigne l'union de l'*hexamètre* (ἔπος) et du *pentamètre* (ἔλενος), c'est-à-dire le *distique*. Les poëtes grecs n'ont pas toujours employé cette forme de vers, qui est antérieure au VIIe siècle av. J.-C., pour exprimer des sentiments de tristesse, de regrets ou des passions amoureuses. Ils l'ont également appliquée à toute sorte de sujets. C'est en vers élégiaques que Callinus et Tyrtée ont écrit leurs chants de guerre. Toutefois il est possible qu'à l'origine le mot ἔλεγος ait eu aussi le sens de *plainte*, sans rapport déterminé avec une forme métrique. Bien qu'elle soit écrite quelquefois en *alexandrins*, **l'élégie est presque toujours lyrique** chez les Modernes.

Poëmes à forme libre.

1°
Élégie.

Son étymologie et son origine chez les Grecs.

Sa transformation.

Ex. :
LA PAUVRE FILLE.

J'ai fui ce pénible sommeil
Qu'aucun songe heureux n'accompagne.
J'ai devancé, sur la montagne,
Les premiers rayons du soleil.
S'éveillant avec la nature,
Le jeune oiseau chantait sur l'aubépine en fleurs,
Sa mère lui portait la douce nourriture :
Mes yeux se sont mouillés de pleurs.
Oh ! pourquoi n'ai-je pas de mère ?
Pourquoi ne suis-je pas semblable au jeune oiseau,
Dont le nid se balance aux branches de l'ormeau ?
Rien ne m'appartient sur la terre,
Je n'ai pas même de berceau,
Et je suis un enfant trouvé sur une pierre,
Devant l'église du hameau.

Loin de mes parents exilée,
De leurs embrassements j'ignore la douceur,
Et les enfants de la vallée
Ne m'appellent jamais leur sœur !

Je ne partage pas les jeux de la vallée ;
Jamais sous son toit de feuillée
Le joyeux laboureur ne m'invite à m'asseoir,

Et de loin je vois sa famille,
Autour du sarment qui pétille,
Chercher sur ses genoux les caresses du soir.
Vers la chapelle hospitalière
En pleurant je dirige mes pas,
La seule demeure ici-bas
Où je ne sois point étrangère,
La seule devant moi qui ne se ferme pas !

Souvent je contemple la pierre
Où commencèrent mes douleurs ;
J'y cherche la trace des pleurs
Qu'en m'y laissant, peut être, y répandit ma mère.

Souvent aussi mes pas errants
Parcourent des tombeaux l'asile solitaire ;
Mais pour moi les tombeaux sont tous indifférents ;
La pauvre fille est sans parents,
Au milieu des tombeaux ainsi que sur la terre.
J'ai pleuré quatorze printemps
Loin des bras qui m'ont repoussée ;
Reviens, ma mère, je t'attends,
Sur la pierre où tu m'as laissée.
La pauvre fille, hélas ! ne pleura pas longtemps ;
Plaintive, elle mourut en priant pour sa mère.
On dit qu'une femme étrangère
Un jour, le front voilé, parut dans le hameau,
On conduisit ses pas vers l'humble cimetière,
Mais, parmi les gazons et l'épaisse bruyère,
On ne put retrouver la trace du tombeau.

(A. Soumet.)

2° *Epithalame.* **L'épithalame** (ἐπί, sur, θάλαμος, lit), est un chant nuptial en l'honneur de jeunes époux.

Ex. L'épithalame du cardinal de Bernis sur le mariage du dauphin Louis avec Marie-Thérèse d'Espagne :

Descends, Hymen, descends des cieux, etc.

3° *Madrigal.* Le **madrigal** est une petite pièce de poésie ingénieuse et galante. Elle consiste à exprimer en quelques vers délicats, des pensées ou des sentiments tendres.

Ex. Le madrigal du marquis de Saint-Aulaire adressé à la duchesse du Maine, qui, en l'appelant son Apollon, lui demandait le secret de sa rêverie :

La divinité qui s'amuse
A me demander mon secret,
Si j'étais Apollon ne serait point ma muse :
Elle serait Thétis et le jour finirait.

La brièveté n'est pas une condition essentielle de ces sortes de pièces. Marot et bien d'autres nous offrent des modèles de madrigaux qui ont une certaine étendue.

POÉSIE — GENRE LYRIQUE.

La **chanson** est l'ode familière, gaie, tendre, badine. C'est un chant vif, gracieux, alerte, ennemi de tout pédantisme.

4° Chanson.

Elle se compose de *stances* appelées *couplets*. Chaque couplet est terminé par un *refrain* qui contient ou résume l'idée principale du sujet. Ex. les *chansons* de Désaugiers, celles de Béranger, de Pierre Dupont, de Nadaud, etc.

On distingue presque autant d'espèces de chansons qu'il y a de sentiments divers capables d'inspirer le poëte : **chansons** *patriotiques, guerrières, champêtres, historiques, érotiques, satiriques*, etc.

Principales espèces de chansons.

Lorsque la chanson contient le récit d'une aventure touchante ou exprime un sentiment tendre, on l'appelle **romance**.

Le **lai** et le **virelai** ne sont que des variétés de la chanson. Ils ont été fort en vogue chez nos anciens poëtes.

Poëmes à forme fixe.

Le **lai** (du celte, *llais*, chant) se composait d'une suite de *vers de cinq syllabes* écrits sur une même rime *féminine* et séparés, de deux en deux, par des vers de deux syllabes, sur une même rime masculine.

1° Lai.

> *Ex.* : Sur l'appui du monde
> Que faut-il qu'on fonde
> D'espoir ?
> Cette mer profonde
> En débris féconde
> Fait voir
> Calme au matin l'onde
> Et l'orage y gronde
> Le soir, etc.
>
> (Le père MOURGUES, *Traité de la poésie française*.)

Au moyen âge, le **lai** fut un *récit chanté*, une sorte de roman abrégé ou de fabliau mélancolique et tendre. *Ex.* les **Lais** de **Marie de France** au XIIIᵉ siècle.

Le **virelai** est une transformation du lai. On imagina, en effet, de faire *virer*, c'est-à-dire tourner la rime (d'où le nom de **virelai**).

2° Virelai.

On en distingue deux sortes : le *virelai ancien* et le *virelai nouveau*.

Pour faire un **virelai ancien** on continuait la première partie du lai et on prenait la rime du petit vers pour en faire dans la seconde la rime du grand vers.

Virelai ancien.

A partir de ce *virement*, le nombre de vers ajoutés devait égaler celui qui l'avait précédé.

Virelai nouveau.

Le **virelai nouveau** diffère complétement de l'ancien. Il est tout entier écrit sur *deux rimes* et commence par *deux vers* destinés à revenir plusieurs fois comme *refrain*, alternativement, le premier vers d'abord, le second ensuite jusqu'à la fin du poëme.

Sa versification particulière.

Les vers du **virelai nouveau** ne sont pas à forme fixe ni coupés par strophes régulières. Ils s'entremêlent selon la fantaisie du poëte, comme des vers libres; l'alinéa finit chaque fois que le poëte les coupe en faisant revenir habilement un des *deux vers refrain*. Ceux-ci sont la fin du poëme comme ils en ont été le commencement; seulement le *vers refrain* qui a été le second vers du poëme en devient l'avant-dernier, et celui qui en a été le premier en devient le dernier. C'est ainsi que le **virelai** se rapproche de la ballade et du triolet.

Exemples.

Voici, d'après le père Mourgues, un exemple de chacun de ces **virelais** :

Virelai (*ancien*).

Sur l'appui du monde
Que faut-il qu'on fonde
D'espoir ?
Cette mer profonde
En débris féconde
Fait voir
Calme au matin l'onde
Et l'orage y gronde
Le soir.

✱

Le destin fait choir,
Homme, ton pouvoir
Funeste
Et ton vain savoir !
Mais, comme un espoir
Céleste
Sous le lourd ciel noir,
C'est le seul devoir
Qui reste.

✱

Dans un site agreste
Suis sa loi modeste !
Les yeux
Vers l'azur céleste,
La vie et le geste

Virelai (*nouveau*).

LE RIMEUR REBUTÉ.

Adieu vous dy, triste lyre,
C'est trop apprêter à rire.

✱

De tous les métiers le pire,
Et celui qu'il faut élire
Pour mourir de male-faim,
C'est à point celui d'écrire.
Adieu vous dy, triste lyre.

✱

J'avais vu dans la satire
Pelletier cherchant son pain :
Cela me devait suffire.
M'y voilà, s'il faut le dire ;
Faquin et double faquin,
(Que de bon cœur j'en soupire !)
J'ai voulu part au Pasquin.
C'est trop apprêter a rire.

✱

Tournons ailleurs notre mire
Et prenons plutôt en main
Une rame de navire.
Adieu vous dy, triste lyre, etc.

Joyeux :
Clarté manifeste,
Le devoir atteste
Les cieux.

Dans le virelai ancien, on doit toujours placer le petit vers sous le grand vers, de façon à ce que la première lettre de l'un soit sous la première de l'autre. A cause de cela, on le nommait *arbre fourchu*.

La villanelle (de l'italien *villano*, paysan) est divisée en *tercets* dont le nombre n'est pas fixe. Commençant par un *vers féminin*, elle est écrite sur *deux rimes* : l'une *masculine*, qui régit le second vers de chaque tercet ; l'autre *féminine*, qui régit les autres vers. Le premier et le troisième vers du premier tercet reparaissent alternativement comme *refrain*, pendant tout le cours du poëme, et deviennent aussi le dernier vers de chaque tercet. La villanelle se termine par un *quatrain*

Observation particulière sur le virelai ancien.

3° *Villanelle.*

Ex. : LA TOURTERELLE ENVOLÉE.

J'ai perdu ma tourterelle ;
Est-ce point elle que j'oi ?
Je veux aller après elle.

Tu regrettes ta femelle ;
Hélas ! aussi fais-je, moi.
J'ai perdu ma tourterelle.

Si ton amour est fidèle,
De même est ferme ma foi ;
Je veux aller après elle.

Ta plainte se renouvelle :
Toujours plaindre je me doi,
J'ai perdu ma tourterelle.

En ne voyant plus la belle,
Plus rien de beau je ne voi :
Je veux aller après elle.

Mort, que tant de fois j'appelle,
Prends ce qui se donne à toi !
J'ai perdu ma tourterelle,
Je veux aller après elle.

(J. PASSERAT, *Œuvres*, édit. 1606.)

Le rondel est un petit poëme écrit tout entier sur *deux rimes* ; il peut commencer par un *vers masculin* ou par un *vers féminin*. Charles d'Orléans nous a laissé des chefs-d'œuvre en ce genre :

4° *Rondel.*

Ex. : Le temps a laissié son manteau
De vent, de froidure et de pluye,
Et s'est vestu de brouderie,
De souleil luisant, cler et beau.

Il n'y a beste ne oyseau
Qu'en son jargon ne chante ou crie :
Le temps a laissié son manteau
De vent, de froidure et de pluye.

Rivière, fontaine et ruisseau
Portent, en livrée jolie,
Gouttes d'argent d'orfaverie,
Chascun s'abille de nouveau.
Le temps a laissié son manteau
De vent, de froidure et de pluye.

(CHARLES D'ORLÉANS. *Poésies*, édit. Guichard, p. 423.)

5° *Rondeau.*

Le **rondeau** a servi d'abord à désigner plusieurs poëmes du même genre que celui qui a gardé définitivement ce nom.

On appelle **rondeau ordinaire** un petit poëme de *treize vers*, sur *deux rimes*, l'une *masculine*, l'autre *féminine*. Il se compose :

1° De *trois strophes*, dont la première et la troisième ont chacune cinq vers, mais la seconde trois seulement.

2° D'un *refrain* répété deux fois, que constituent le premier ou les premiers mots du premier vers, qui se reproduisent après la seconde et la troisième strophe.

Ex. Rondeau en vers de huit syllabes, commençant par un vers féminin :

Penser, que pour ne vous déplaire,
Je me veuille jamais distraire
D'un dessein, où j'ay tant de droit,
C'est être injuste en mon endroit
Et de plus, un peu témeraire.

Philis depuis deux ans m'éclaire,
Elle est mon Ange tutélaire;
Je l'aime plus qu'on ne sçauroit
Penser.

Je vous demande en cette affaire
Pardon de vous être contraire,
Un autre s'en contenteroit.
Cependant vous faites le froid.
Ma foy, c'est trop : allez vous faire
Panser.

(VOITURE, *Œuvres*, rondeau XLIII, t. II, p. 326, édit. Charpentier.)

6° *Rondeau redoublé.*

Le **rondeau redoublé** n'est pas du tout le redoublement du rondeau ordinaire. Écrit sur *deux rimes*, il se compose de *six quatrains* à rimes croisées, commençant alternativement par un *vers féminin* et par un *vers masculin*, ou réciproquement.

Chaque vers du premier quatrain contient l'idée principale des deuxième, troisième, quatrième et cinquième quatrains; il est aussi répété à la fin de chacun d'eux. Après le sixième on ajoute, comme refrain, les premiers mots du premier vers du rondeau redoublé.

Le **triolet**, autrefois **rondel**, se compose de *huit vers* écrits sur *deux rimes*, arrangés de telle sorte que le premier reparaisse après le troisième, et que pour terminer le *huitain*, le sens ramène les deux premiers.

7° Triolet.

De ces huit vers, il y en a donc *trois* (le premier, le quatrième et le septième), qui ne sont qu'un seul et même vers. C'est à cause de cette triple répétition que ce genre de poëme est appelé **triolet**.

Origine de ce mot.

L'idée qui en fait le fond doit être délicate et gracieuse; il faut que les *refrains* paraissent ramenés sans effort, pour l'agrément de la pièce et non par nécessité.

Le triolet commence habituellement par un *vers masculin*; mais le mélange des rimes n'est pas déterminé.

On réunit quelquefois plusieurs triolets pour ne former qu'un seul petit poëme. Ex.:

ÉCHO DE TRIOLETS.

A MADAME A. TASTU

En réponse à ses vers : « Dernière fleur de mon jardin ».

Que ces vers que je viens de lire
Ont un accent tendre et touchant!
Non! ce n'est pas un dernier chant
Que ces vers que je viens de lire!
On n'en est pas à son couchant
Quand si jeune encore est la lyre!
Que ces vers que je viens de lire
Ont un accent tendre et touchant!

Ces beaux vers que chacun admire,
On les retient à son insu;
On veut les lire et les relire
Ces beaux vers que chacun admire,
Où votre art exquis a tissu
Une larme dans un sourire!
Ces beaux vers que chacun admire,
On les retient à son insu.

La fleur que tant d'éclat colore
N'est pas la dernière au jardin
Elle a bien d'autres sœurs encore,
La fleur que tant d'éclat colore!

N'en parlez pas avec dédain ;
Votre soir vaut mieux qu'une aurore.
La fleur que tant d'éclat colore
N'est pas la dernière au jardin !
(Ed. Grenier, *Amicis*, 1868.)

8°
Ballade.

La ballade est une sorte de *romance* chantée et même dansée ou *ballée*, comme on disait dans notre ancienne langue ; de là est venu son nom.

Elle est composée de *trois couplets* ou *strophes* et d'un *envoi* (sorte de dédicace). Ces trois couplets en vers de *huit*, de *dix* ou de *douze* syllabes à volonté, pouvant commencer par un vers *masculin* ou par un vers *féminin*, doivent être égaux pour le nombre des vers et l'entrelacement des rimes. Le *refrain* doit être le même pour l'*envoi* que pour les couplets.

Las ! Mort, qui t'a fait si hardie
De prendre la noble princesse
Qui estoit mon confort, ma vie,
Mon bien, mon plaisir, ma richesse !
Puisque tu as prins ma maistresse,
Prens-moy aussy, son serviteur ;
Car j'ayme mieulx prouchainnement
Mourir, que languir en tourment,
En paine, soussy et douleur.

Las ! de tous biens estoit garnie
Et en droitte fleur de jeunesse :
Je prye à Dieu qu'il te maudie,
Faulse-Mort, plaine de rudesse !
Se prise l'eusses en vieillesse,
Ce ne fust pas si grant rigueur ;
Mais prise l'as hastivement
Et m'a laissié piteusement
En paine, soussy et douleur.

Las ! je suy seul sans compaignie.
Adieu, madame, ma lyesse.
Or est nostre amour despartie !
Non pourtant : je vous fais promesse
Que de prières à largesse,
Morte, vous servirai de cueur,
Sans oublier aucunement,
Et vous regretteray souvent
En paine, soussy et douleur.

ENVOI.

Dieu, sur tout souverain seigneur,
Ordonnez, par grâce et doulceur,
A l'âme d'elle tellement
Qu'elle ne soit pas longuement
En paine, soussy et douleur.

(Ch. d'Orléans, ballade LIX, *sur la mort de la duchesse d'Orléans.*)

POÉSIE — GENRE LYRIQUE.

Chez les **modernes**, la ballade, que quelques-uns de nos poëtes ont essayé de faire revivre, a été complètement modifiée comme sujet et comme forme. Elle n'a de commun avec l'ancienne qu'une certaine simplicité dans le ton, une forme presque lyrique, et la répétition fréquente d'une même idée qui ressemble à un refrain. Dans ses *Odes et Ballades*, Victor Hugo a commis une erreur en appellant *ballades* de petits poëmes du genre de ceux qui portent ce nom en Allemagne ou autres pays, et qui dans des vers souvent lyriques racontent une légende où le *merveilleux* se mêle au *tragique*. (Cf. *Le livre des ballades*, édit. A. Lemerre, 1876.)

La ballade chez les modernes.

La **double ballade** renferme *six dizains* ou *six huitains* sur des rimes pareilles; elle se termine rarement par un *envoi*.

9° *Double ballade.*

Le **chant royal** est une espèce de ballade de grande dimension et d'un caractère élevé. Il se compose de *cinq strophes* de *onze vers* chacune, et d'un *envoi*.

10° *Chant royal.*

Toutes ces strophes sont écrites sur des rimes pareilles à celles de la première ; les vers de chacune d'elles doivent être toujours disposés dans le même ordre.

L'*envoi* se compose de *cinq vers* écrits sur des rimes semblables à celles des cinq derniers vers de chaque strophe, et disposés de la même façon.

L'*envoi* commence par les mots : *Prince, princesse, roi, reine, sire*, etc. car ce poëme fut d'abord composé en l'honneur des rois et des seigneurs; c'est l'origine de son nom. Chez Gringore, Villon, Charles d'Orléans, cette règle a subi de nombreuses exceptions.

Envoi.

Ex. : CHANT ROYAL CHRESTIEN.

Qui ayme Dieu, son règne et son empire,
Rien désirer ne doibt qu'à son honneur :
Et toutesfois l'hôme tousjours aspire
A son bien propre, à son aise et bon heur,
Sans adviser, si point contemne, ou blesse
En ses désirs la divine noblesse.
La plus grand'part appete grand avoir :
La moindre part souhaite grand sçavoir :
L'autre désire être exempté de blasme :
Et l'autre quiert (voulant mieulx se pourvoir),
Santé au corps, et paradis à l'âme.

(CLÉMENT MAROT, *Chantz divers de l'adolescence*.)

11º Sonnet.

Le **sonnet** est un petit poëme à forme fixe composé de *deux quatrains* et de *deux tercets* (en tout 14 vers).

Boileau l'a exactement défini, quand il a dit qu'Apollon....

> Voulut qu'en *deux quatrains* de mesure pareille
> La rime avec deux sons frappât *huit fois* l'oreille ;
> Et qu'ensuite *six vers* artistement rangés
> Fussent en *deux tercets* par le sens partagés, etc.
> (Boileau, *Art. poét.*, chant II, vers 85 et suiv.)

Le sonnet peut être écrit en vers de *douze*, de *dix* et de *huit* syllabes ; il est **régulier** ou **irrégulier**.

régulier

Il n'y a qu'une seule forme de **sonnet régulier**, c'est celui que nous venons de définir, dans lequel chaque mot des quatrains doit amener le *trait final* et résumer la pensée du sonnet tout entière.

irrégulier.

Le **sonnet irrégulier** peut être disposé de plusieurs façons. A moins qu'on ne veuille produire un effet spécial, et malgré quelques chefs-d'œuvre en ce genre, on doit lui préférer le sonnet régulier. *Ex. :*

SONNET.
LES DEUX CORTÉGES.

> Deux cortéges se sont rencontrés à l'église.
> L'un est morne : — il conduit le cercueil d'un enfant ;
> Une femme le suit, presque folle, étouffant
> Dans sa poitrine en feu le sanglot qui la brise.
>
> L'autre, c'est un baptême : — au bras qui le défend
> Un nourrisson gazouille une note indécise ;
> Sa mère, lui tendant le doux sein qu'il épuise,
> L'embrasse tout entier d'un regard triomphant !
>
> On baptise, on absout, et le temple se vide.
> Les deux femmes, alors, se croisant sous l'abside,
> Échangent un coup d'œil aussitôt détourné ;
>
> Et — merveilleux retour qu'inspire la prière —
> La jeune mère pleure en regardant la bière,
> La femme qui pleurait sourit au nouveau-né !
> (J. Soulary, *Œuvres poétiques, — Sonnets.*)

Éloge du sonnet.

La forme du sonnet est une des plus belles de la poésie française, malgré sa brièveté. Elle a été louée de tout temps, et Boileau, dans son *Art poétique*, a porté un jugement vrai quand il a dit :

> Un sonnet sans défaut vaut seul un long poëme.

Cette opinion sur le sonnet était tellement commune au XVIIᵉ siècle que Lancelot, dans son *Traité de versification française*, déclarait qu'il n'y a guère d'ouvrages en vers plus beaux ni plus difficiles, et qu'il comprend à la fois la magnificence du style de l'ode et la grâce de l'épigramme. Le sonnet peut être en effet *lyrique, élégiaque, satirique*, etc.

Le sonnet a toujours été très-cultivé dans notre littérature. Il a eu son histoire, sa monographie. Les poëtes provençaux, Girard de Bourneüil (mort en 1278), Bertrand de Marseille (qui florissait vers 1310), Guillaume des Almarics (célèbre vers 1321), en sont généralement regardés comme les inventeurs. C'est une erreur sans doute, puisque Guillaume de Lorris (mort en 1260) parle déjà des « sonnets courtois » dans son *Roman de la Rose*. On doit, suivant G. Colletet, en faire remonter l'origine probable aux « poëtes qui florissaient en la cour de nos premiers roys. »

Origine et histoire abrégée du sonnet.

Transporté en Italie, il y fit la gloire de **Pétrarque**. En France au XVIᵉ siècle, **Ronsard** et les autres poëtes de la **Pléiade** le remirent en honneur. Abandonné vers la fin du XVIIᵉ siècle et surtout au XVIIIᵉ, il est devenu de nos jours, entre les mains d'ingénieux et habiles poëtes, une des formes les plus achevées de la poésie française. (Cf. *Le livre des Sonnets*, édit. A. Lemerre, 1874.)

PÉTRARQUE RONSARD, etc.

Sainte-Beuve a résumé l'historique de ce petit poëme dans le sonnet suivant :

> Ne ris point du sonnet, ô critique moqueur.
> Par amour autrefois en fit le grand Shakspeare
> C'est sur ce luth heureux que Pétrarque soupire,
> Et que Le Tasse aux fers soulage un peu son cœur.
>
> Camoëns de son exil abrége la longueur ;
> Car il chante en sonnets l'amour et son empire.
> Dante aime cette fleur de myrte, et la respire,
> Et la mêle au cyprès qui ceint son front vainqueur.
>
> Spencer, s'en revenant de l'île des Féeries,
> Exhale en longs sonnets ses tristesses chéries ;
> Milton, chantant les siens, ranimait son regard.
>
> Moi, je veux rajeunir le doux sonnet en France.
> Du Bellay, le premier, l'apporta de Florence,
> Et l'on en sait plus d'un de notre vieux Ronsard.
>
> (Sainte-Beuve, *Poésies*, édit. M. Lévy, t. I, p. 136.)

La poésie lyrique apparaît à l'origine des peuples, et on la retrouve à toutes les époques de leur existence.

Chez les **Hébreux**, elle est religieuse, patriotique et guerrière, comme dans le cantique de **Moïse** après le

Poésie lyrique chez les Hébreux.

passage de la mer Rouge et dans les psaumes de **David**. La Bible est pleine d'effusions lyriques.

Poésie lyrique chez les Grecs. — Chez les **Grecs**, elle est également née de la religion (**Linus et Orphée**).

> Silvestres homines sacer interpresque Deorum
> Cædibus et victu fœdo deterruit Orpheus.
> Dictus ob hoc lenire tigres rabidosque leones; etc.
> (HORACE, *Art poét.*, v. 391 et suiv.)

Pleine de patriotisme avec **Tyrtée et Pindare**, la poésie lyrique célèbre les héros et les victoires des jeux olympiques; avec **Sapho et Alcée**, elle chante l'amour et les Grâces. Dans le dithyrambe, elle a pour sujet les exploits de Bacchus et des Dieux.

les Romains, — Chez les **Romains**, la poésie lyrique, en descendant des hauteurs où l'avaient placée les Hébreux et les Grecs, prend un accent plus personnel pour exprimer les sentiments de l'âme humaine dans les œuvres de **Catulle**, de **Tibulle**, de **Properce** et d'**Ovide**. Religieuse et morale dans la partie officielle de celles d'**Horace**, elle chante aussi quelquefois avec lui Bacchus et Vénus.

les modernes, — Chez les **modernes**, en France particulièrement, la poésie lyrique a absorbé tous les autres genres poétiques; elle est devenue presque toute la poésie du XIXᵉ siècle. Ses moyens de rendre la pensée ont varié à l'infini, et une quantité innombrable de rhythmes a été créée

(du XVIᵉ au XIXᵉ s.) — depuis les poètes du seizième siècle (la **Pléïade**) jusqu'aux dernières productions de la poésie contemporaine; aussi se prête-t-elle merveilleusement à l'expression de tous les sentiments, depuis les plus élevés et les plus graves jusqu'aux plus tendres et aux plus délicats. De nos jours, elle a surtout un caractère plus intime et tout personnel. (Cf. VILEMAIN, *Essai sur le génie de Pindare et sur la Poésie lyrique*, etc.)

2° GENRE ÉPIQUE.

Poésie épique. — La **poésie épique**, poëme épique ou épopée (ποιέω, *je fais*, ἔπος, *vers*, et par extension *récit*) est, suivant la

Définition, — définition de Voltaire, « le récit en vers d'aventures héroïques ». Les héros sont à peu près exclusivement ceux de la fable ou de l'histoire.

Sujet. — L'épopée chante les actions, la gloire et les malheurs de l'homme; elle a pour sujet les grands événements d'un peuple, et quelquefois l'humanité entière.

Importance de la poésie épique.

Les critiques de tous les temps se sont beaucoup occupés de ce genre de composition, depuis Aristote dans sa *Poétique,* jusqu'à Voltaire dans son *Essai sur la poésie épique,* depuis Chapelain et le père le Bossu jusqu'à Chateaubriand (*Génie du Christianisme*) et M. Egger (*Mémoires de Littérature ancienne,* p. 100).

Critique des règles minutieuses des rhéteurs.

Quelques écrivains modernes (le père le Bossu, Marmontel, etc.) ont considéré à tort l'épopée comme une œuvre d'art et de réflexion, et ils ont donné les préceptes les plus minutieux sur le choix du sujet, le plan et les caractères du poëme épique (Cf. MARMONTEL, *Eléments de Littérature,* t. II, p. 100). Ils ont oublié qu'une des conditions principales de l'épopée est la foi des poëtes et de leurs lecteurs dans les conceptions épiques et les aventures merveilleuses de leurs héros.

Règles de bon sens et de goût.

Laissons de côté le détail de toutes ces règles étroites, qui entravent le génie au lieu de le diriger, les *machines épiques* (songes, descriptions de tempêtes, etc.), qui remplissent un poëme sans l'animer. Indiquons en passant quelques règles générales dictées par le bon sens et le goût.

Préceptes d'Horace.

Horace dit que le poëte épique doit chanter, comme l'a fait Homère, les *actions héroïques des rois* et les *guerres sanglantes* :

> Res gestæ regumque ducumque et tristia bella
> Quo scribi possent numero, monstravit Homerus.
> (*Art poét.,* vers 73 et 74.)

Il lui recommande aussi l'ordre dans l'enchaînement des faits, l'art de mettre les choses à leur place, une marche rapide, le naturel, un habile mélange de la fiction et de la réalité.

Préceptes de Boileau.

Dans le IIIe chant de son *Art poétique,* **Boileau** a consacré à la poésie épique cent soixante-quatorze vers (de 160 à 334), où il a réuni et développé les préceptes d'Horace. Il recommande d'abord la grandeur et l'intérêt du sujet :

> D'un air plus grand encor la poésie épique,
> Dans le vaste récit d'une longue action,
> Se soutient par la fable, et vit de fiction.
>
> . . . .

Faites choix d'un héros propre à m'intéresser, ...
On s'ennuie aux exploits d'un conquérant vulgaire... etc.

Merveilleux païen merveilleux chrétien.

Boileau montre ensuite la part de la **mythologie** grecque et romaine dans l'**Énéide** de Virgile ; il célèbre le **merveilleux païen,** mais n'approuve pas le **merveilleux chrétien.** *La Pucelle* de Chapelain, le *Clovis* de Desmarets étaient du reste peu propres à le lui faire goûter ; aussi l'a-t-il condamné très-sévèrement. Il semble n'avoir pas connu *le Paradis perdu* de Milton et il n'a pas compris que le merveilleux chrétien est le ressort de la *Jérusalem délivrée* du Tasse.

Aujourd'hui le merveilleux païen est complétement banni de la poésie. Ce n'est plus qu'un souvenir historique. Quant au merveilleux chrétien, bien que Chateaubriand ait brillamment soutenu dans son *Génie du christianisme* une opinion contraire à celle de Boileau, il ne semble pas devoir fournir aux poëtes épiques de l'avenir une matière nouvelle et féconde.

Caractères de l'épopée.

Les *caractères essentiels* de l'**épopée** sont la grandeur unie à la simplicité, et l'énergie virile jointe à la grâce de la jeunesse. Les peuples primitifs en fournissent les éléments. Ce caractère éclate dans l'*Iliade* d'Homère.

Ses éléments.

Il y a quatre éléments à distinguer dans l'épopée : 1° l'*action,* 2° les *personnages,* 3° la *forme,* 4° le *style.*

Action.

1° L'*action* doit être *vraisemblable, une, entière, intéressante, héroïque* et *merveilleuse* (merveilleux païen, merveilleux chrétien).

Personnages.

2° Il y a toujours un *personnage principal* sur lequel est concentré l'intérêt général ; les personnages même secondaires doivent être présentés sous des traits nettement caractérisés.

Forme.

3° Le poëme épique se divise en un certain nombre de **chants.** Il renferme ordinairement une *exposition du sujet,* des *épisodes* et un *dénoûment.*

L'*épisode* (ἐπεισόδιον, digression) est le récit d'une petite action subordonnée à l'action principale et qu'on pourrait supprimer sans nuire à l'unité de l'œuvre. On ne doit l'y laisser que si elle n'est pas contraire à cette unité et ne paraît pas un hors-d'œuvre.

Style.

4° Dans l'épopée, la poésie déploie toutes les ressources de l'art des vers et tous les trésors de l'imagination :

figures hardies, coloris brillant, expressions pompeuses, images vives, pensées nobles et sentiments élevés.

Trois conditions de l'épopée.

Pour composer une œuvre épique durable et vraiment digne de ce nom, il faut trois conditions :

1° *Un grand sujet*, la guerre de Troie, par exemple, qui met aux prises l'Asie et l'Europe (*Iliade*), ou un héros célèbre qui a frappé l'imagination populaire par le prestige de grandes actions (les poëmes chevaleresques du moyen âge, particulièrement ceux du cycle carlovingien, — *Chanson de Roland*) ;

Grand sujet.

2° *Un développement considérable d'imagination et de langue* chez le peuple qui voit naître cette œuvre, c'est-à-dire une imagination poétique empreinte d'une forte culture intellectuelle, une langue et un esprit mûris par de longs efforts ;

Développement considérable.

3° Enfin, *une école de poëtes privilégiés*, personnifiée dans l'un de ses plus célèbres représentants (**Homère** et les rhapsodes) ou le génie d'un grand poëte qui résume l'inspiration des siècles passés et donne à leurs conceptions une forme parfaite et définitive (**Virgile**, dans l'*Énéide*).

École de poëtes privilégiés.

A l'épopée se rattachent le **poëme héroïque** ou **historique** (*Ex.* la *Pharsale* de Lucain, — la *Henriade* de Voltaire), et le **poëme héroï-comique** ou **badin** (*Ex.* le *Lutrin* de Boileau).

Variétés du poëme épique.

A prendre le mot *épopée* dans le sens vulgaire, on compte par centaines les épopées qui ont vu le jour depuis l'*Iliade* et l'*Odyssée*, pour disparaître et ne laisser aucune trace durable.

Dans les temps primitifs, l'épopée a trouvé des sujets dans les traditions et les légendes des peuples ; elle a été la seule forme poétique qui pût leur servir d'expression ; mais, quand cette société a disparu pour faire place à une civilisation plus positive, ce genre de composition poétique est devenu de plus en plus difficile, pour ne pas dire impossible.

Poésie épique chez les anciens.

Voltaire a dit que *les Français n'ont pas la tête épique*. La France est au contraire la plus épique de toutes les nations modernes. Elle a produit au **Moyen Age** deux cents poëmes populaires consacrés à des héros chrétiens et français. Ces poëmes, chantés par nos *jongleurs*, comme les poëmes homériques l'étaient par 's

en France au moyen âge.

Epopée moderne en France.

aèdes, avaient pour sujet les hauts faits des familles héroïques, certaines *gestes* ou exploits, d'où leur est venu le nom de *chansons de gestes*. La plus célèbre de toutes, *La Chanson de Roland*, en est restée le type le plus populaire.

Voltaire se plaignait de l'*esprit géométrique* qui, déjà de son temps, s'était emparé des belles-lettres et devenait un obstacle pour la poésie. Que dirait-il de nos jours, où la précision sévère de la science historique et de la critique ont remplacé les légendes, les traditions, et où l'on ne peut idéaliser des personnages dont elles ont fixé tous les traits. L'épopée classique ne peut donc plus être qu'une faible et artificielle imitation, c'est-à-dire une chose morte.

Tableau synoptique des principales épopées.

PEUPLES.	AUTEURS.	DATES. NÉS EN	DATES. MORTS EN	POÈMES.
		Avant J.-C.		
Grecs	Homère	Xe siècle ?		*Iliade. — Odyssée.*
	Apollonius de Rhodes.	250 ?	186	*Expédition des Argonautes.*
	Virgile	69	18	*Énéide.*
		Après J.-C.		
Latins	Silius Italicus	25 ?	100 ?	*Puniques.*
	Lucain	39	65	*Pharsale.*
	Stace	61 ?	96	*Thébaïde, Achilléide.*
	Théroulde ?	XIIe siècle ?		*Chanson de Roland.*
	Chrestien de Troyes.	?	1195 ?	*Romans de la Table ronde.*
Français	Alexandre de Paris.	XIIe siècle.		*Roman d'Alexandre.*
	Ronsard	1524	1585	*Franciade.*
	Voltaire	1694	1778	*Henriade.*
Portugais.	Luis de Camoens	1525	1579	*Lusiades.*
	Dante Alighieri	1265	1321	*Divine Comédie.*
Italiens	L'Arioste	1474	1533	*Roland furieux.*
	Le Tasse	1544	1595	*Jérusalem délivrée.*
Anglais	Milton	1608	1674	*Paradis perdu.*
Allemands	Klopstock	1724	1803	*Messiade.*

3° GENRE DRAMATIQUE.

La poésie dramatique (δρᾶμα, action) est la *représentation de la vie en action*, avec les développements de situation, de caractère et de passion que comporte un fait historique ou imaginaire. Ce n'est plus une production essentiellement primitive comme l'épopée, c'est l'œuvre d'un art plus habile et d'un âge plus mûr. *— Poésie dramatique. Sa définition.*

Le spectacle de la vie humaine, tour à tour *triste* ou *joyeux*, *tragique* ou *comique*, souvent l'un et l'autre à la fois, a de bonne heure inspiré les deux formes principales de l'art dramatique : les **genres tragique** et **comique**, dont l'union féconde a produit un **genre mixte**, représenté par le **drame moderne**. *— Triple genre.*

Dans tout poëme dramatique, il y a trois éléments à distinguer : 1° l'*action*, 2° les *personnages*, 3° le *style*. *— Éléments du poëme dramatique :*

1° **L'action** doit avoir deux caractères : la *vraisemblance* et l'*unité*. Sans vraisemblance, point d'intérêt ; sans unité, dispersion de l'intérêt. *— Action.*

L'école **classique** des xvii° et xviii° siècles, exagérant les règles d'Aristote, contestables dans certains détails, s'était imposé la **triple unité** du *lieu*, du *temps* et de l'*action*. *— (Règle des trois unités.)*

> Qu'en un lieu, qu'en un jour, un seul fait accompli
> Tienne jusqu'à la fin le théâtre rempli.
> (BOILEAU, *Art poét.*, chant III, vers 45 et 46.)

L'école **romantique** n'a conservé avec raison de ces trois règles que l'*unité d'action*. Elle est aussi absolue dans le poëme dramatique que dans l'épopée.

2° Le poëte dramatique doit présenter les **personnages** de la manière la plus intéressante, les prendre dans la nature et les montrer d'accord avec eux-mêmes jusqu'à la fin de la pièce. *— Personnages.*

3° Dans tout poëme dramatique, le **style** doit être *naturel*, c'est-à-dire noble sans déclamation dans la tragédie, familier sans trivialité dans la comédie. *— Style.*

Quelles que soient ses règles, le poëme dramatique comprend trois parties ; 1° l'*exposition du sujet*, 2° le *nœud de l'action*, 3° le *dénouement*. *— Trois parties dans le poëme dramatique.*

1° Dans les pièces importantes, le premier acte est consacré à l'exposition du sujet ; il nous fait connaître *— Exposition du sujet.*

les principaux personnages du drame avec leurs caractères, leurs intérêts et leurs passions.

Nœud. — 2° Le *nœud* de l'action, qui prend le nom *d'intrigue* dans la comédie, se forme au premier acte et se resserre graduellement dans les trois suivants.

Dénouement. — 3° Le *dénouement* a lieu au dernier par une *péripétie* dans la comédie, par une *catastrophe* dans la tragédie. Les modernes ne tiennent plus guère compte de cette règle, et la comédie a souvent un dénouement malheureux.

Division du poëme dramatique. — Le poëme dramatique est divisé en **actes** et les actes en *scènes*. Le nombre des actes varie de *un* à *cinq*, suivant l'importance du sujet. Nos tragédies classiques comptent généralement *cinq* actes, rarement *trois*. On peut citer parmi ces exceptions l'*Esther* de Racine, les *Enfants d'Édouard* de Casimir Delavigne, etc.

Actes et Scènes. — Les actes sont séparés les uns des autres par un *intermède* ou *entr'acte*. On appelle ainsi le moment de repos accordé aux acteurs et aux spectateurs, pendant lequel les événements que l'écrivain dramatique ne peut produire sur la scène, sont censés s'accomplir. Ex. le récit de la mort d'Hippolyte dans *Phèdre* de Racine.

Dialogue et monologue. — La condition essentielle de tout poëme dramatique est le **dialogue**. Ce n'est que par exception qu'on admet le **monologue** ou discours dans lequel un seul personnage expose, soit ses réflexions, soit ses résolutions. Il doit être *court* et *rare*, car le drame vit surtout d'action. *Ex.* le **monologue** d'Auguste, dans *Cinna* de Corneille.

Formes de la poésie dramatique. — Les deux genres principaux de la **poésie dramatique**, **tragique** et **comique** prennent plusieurs formes, dont voici le tableau :

Genres.

TRAGIQUE.	COMIQUE.	
Tragédie.		Féerie.
Drame { satyrique. / larmoyant. / romantique.	Comédie { de mœurs. / d'intrigue. / à tiroir.	Farce. Parodie.
	Vaudeville.	Revue.
Mélodrame.	Proverbe.	
Mimodrame.	Opéra comique.	
Opéra.	Opérette.	
Ballet.	Saynète.	

1° Genre tragique.

La tragédie est la *représentation d'une action héroïque et malheureuse*, dont le but est d'émouvoir par la terreur ou la pitié. En général, le **sujet** est imaginaire; il est pris dans la mythologie ou dans les récits des temps héroïques, souvent aussi dans l'histoire politique des peuples. Son **style** doit avoir de la *noblesse*, de la *grandeur* et de la *force*.

Voir les règles et caractères de la tragédie dans **Horace** (*Art poét.*, du vers 153 au vers 309), — dans **Boileau** (*Art poét.*, chant III, du vers 1 au vers 160), — dans **Fénelon**, *Lettre à l'Académie*, § 6, son projet d'un Traité sur la tragédie, etc.

Le **drame** est une pièce dont les personnages sont empruntés à toutes les classes de la société. On y représente les événements les plus funestes et les situations les plus émouvantes de la vie. Ce genre de pièces, sérieux par le fond, souvent familier par la forme, admet tous les sentiments et tous les tons compatibles avec le bon goût.

Il y a plusieurs espèces de drame : 1° le drame *satyrique*; 2° le drame *larmoyant*; 3° le drame *romantique*.

Le **drame satyrique** est une composition dramatique de l'ancien théâtre grec, qui tenait le milieu entre la tragédie et la comédie, ou, plutôt, qui prenait alternativement le ton de l'un et de l'autre. *Ex. Le Cyclope* d'Euripide.

Le **drame larmoyant**, appelé aussi *tragédie bourgeoise*, est une espèce de composition intermédiaire et de compromis entre le genre comique et le genre tragique. Très en vogue au XVIII° siècle, il se rapprochait un peu de ce que nous entendons aujourd'hui par le drame. *Ex. Le Père de famille* par **Diderot**, — *le Philosophe sans le savoir* de **Sedaine**, etc.

Le **drame romantique** est au contraire la réunion du *tragique* et du *comique*, c'est-à-dire de tous les éléments les plus opposés, le noble et le trivial, le beau et le laid, le sublime et le grotesque. Il vit des oppositions qui se rencontrent à chaque instant dans la vie réelle, où tout événement touche au comique par un point quelconque,

Tragédie.
Son but,
son sujet,
et
son style.

Drame.

1°
satyrique.

2°
larmoyant.

3°
romantique.

il en est la peinture exacte. Un de ses caractères est la *couleur locale*. *Ex.* *Ruy-Blas* de **Victor Hugo**, — *Chatterton* d'**Alfred de Vigny**, etc.

Mélodrame. On appelle **mélodrame** une sorte de tragédie populaire mêlée de musique, où, dans une prétendue peinture de la vie, on pousse souvent jusqu'à l'invraisemblance toutes les idées et tous les sentiments.

Mimodrame. Le **mimodrame** est une œuvre scénique dans laquelle les acteurs ne parlent pas et se bornent à *mimer* leur rôle. Il ne faut pas le confondre avec la *pantomime*, dont le nom a été donné en France à des ballets tirés de sujets mythologiques, et qui a été perfectionnée par **Noverre**, le célèbre danseur du XVIIIe siècle.

Les anciens, appelaient *pantomimes* (πᾶν, tout, μιμέομαι, j'imite) les comédiens qui représentaient des drames complets uniquement avec des signes et des gestes.

Opéra. L'**opéra** ou *tragédie lyrique* est une sorte de tragédie chantée et à laquelle se mêle ordinairement le *merveilleux*. Dans tout opéra on distingue deux parties : le **chant** et le **récitatif ou dialogue**. *Ex. Guillaume Tell* de **Rossini**, — *les Huguenots* de **Meyerbeer**, — *la Muette de Portici* d'**Auber**, — *Faust* de **Gounod**, etc.

Ballet. Le **Ballet** (de l'italien *ballare*, danser) est une action dramatique représentée par la *danse* et la *pantomime* à l'aide de la *musique*. Tantôt il est l'accessoire d'une pièce, comme dans les opéras modernes, où il figure en qualité d'élément d'une fête ou d'une cérémonie quelconque ; c'est alors un simple divertissement. Tantôt la danse est la partie principale autour de laquelle une petite action exprimée en paroles est ajoutée, comme dans l'*opéra-ballet* et la *comédie-ballet*, peu en usage de nos jours. *Ex. le Mariage forcé* de **Molière** (comédie-ballet).

2° Genre comique.

Comédie.
Son but.

La **comédie** est la représentation d'une action de la vie commune sous une forme plaisante. Son but est de corriger nos défauts par le rire (*castigat ridendo mores*). Toutefois, de nos jours, on a introduit dans la comédie des éléments qui autrefois étaient exclusivement réservés à la tragédie, et l'on donne ce nom à des pièces qui contiennent en même temps une action triste et plaisante.

Le style de la comédie doit être *simple, vif* et *enjoué*. — Style de la comédie.

Le vers n'est pas la seule forme appliquée à un sujet comique. Il y a aussi beaucoup de comédies *en prose*. Ex. *l'Avare* de **Molière**, et la plus grande partie des comédies de nos jours.

Voir les règles et caractères de la comédie dans **Horace** (*Art poét.*, du vers 153 au vers 309, *passim*); — dans **Boileau** (*Art. poét.*, chant III, du vers 335 jusqu'à la fin), — dans **Fénelon** (*Lettre à l'Académie*, § 7, son projet d'un Traité sur la comédie), etc. — Ses règles.

Il y a trois principales sortes de comédie : 1° la **comédie de mœurs** ou **haute comédie**, 2° la **comédie d'intrigue**, 3° la **comédie à tiroir**. — Trois sortes de comédie :

1° La **comédie de mœurs** ou **haute comédie** consiste à peindre, comme dans les **comédies de Molière**, tantôt des travers éternels de l'humanité (*le Misanthrope*), tantôt des ridicules d'une époque (*les Précieuses ridicules*). Elle prend aussi le nom de **comédie de caractère** lorsqu'elle peint un caractère dominant (*Tartuffe*), et celui de **comédie mixte** quand elle présente un mélange de plusieurs caractères opposés entre eux, mais dont aucun n'est le principal (*l'École des maris*). — 1° *de mœurs*.

2° La **comédie d'intrigue** consiste dans un enchaînement d'aventures qui se compliquent graduellement et qui tiennent le spectateur dans une attente continuelle jusqu'au dénoûment (*Ex. le Menteur* de Corneille, — *le Barbier de Séville* et *le Mariage de Figaro* de Beaumarchais). Ce genre de comédie n'a pour but, ni d'instruire, ni de corriger nos défauts, mais d'amuser notre esprit. — 2° *d'intrigue*.

3° La **comédie à tiroir** consiste dans une série de portraits ou de tableaux amenés successivement sur la scène au moyen d'une action feinte et pour en dévoiler les travers. (*Ex. l'Étourdi* de Molière, — *le Fâcheux* de Destouches.) — 3° *à tiroir*.

Le **vaudeville** est une comédie d'un genre léger, entremêlée de couplets, de duos, rarement de trios, avec des refrains chantés en général sur des airs connus. — *Vaudeville*.

Proverbe. — Le **proverbe** est une pièce où l'on développe et met en scène des dictons familiers ou populaires.

Opéra comique. — L'**opéra-comique** est une *comédie d'un genre léger*, dont la partie *chantée* est entremêlée de *dialogue*. Dans l'opéra-comique, comme dans l'opéra et dans le genre inférieur de l'opérette, le *poëme* a rarement une valeur littéraire; la *musique* et les *décors* ont la plus grande importance et suffisent pour captiver le spectateur. *Ex.* : la *Dame blanche* de **Boieldieu** ; — le *Domino noir* d'**Auber** ; — *Mignon* d'**A. Thomas**, etc.

Opérette. — L'**opérette** est un *opéra-comique d'un genre inférieur* et dont la musique est plus légère.

Saynète. — La **saynète** (de l'espagnol *sainete*, assaisonnement) est une petite pièce faite à l'imitation du théâtre espagnol. Elle n'est autre chose qu'un divertissement joué, en guise d'intermède, après une pièce principale.

Féerie. — La **féerie** est une pièce mêlée de *farce*, de *chant* et de *ballets*, où l'action, le plus souvent invraisemblable, est empruntée au merveilleux ou au grotesque. Les décors et l'art du machiniste y jouent le plus grand rôle.

Farce. — L'objet de la **farce** est de faire rire et de divertir en critiquant les vices par les traits les plus exagérés et les plus ridicules. (*Ex.* la *Farce de maître Patelin*; — dans Molière, les *Fourberies de Scapin*, — le *Médecin malgré lui*, — le *Malade imaginaire*, etc.)

Parodie. — La **parodie** est l'imitation burlesque d'une pièce sérieuse, souvent aussi le travestissement satirique et plaisant d'une œuvre littéraire quelconque.

Revue. — La **revue** est une pièce dans laquelle défilent, sous une forme bouffonne, les principaux événements de l'année.

Histoire de la poésie dramatique.

Dans le chant IIIe de son *Art poétique* (v. 61 et suiv.), Boileau a résumé en quelques vers, imités d'Horace, l'histoire incomplète et inexacte de la poésie dramatique :

La tragédie, informe et grossière en naissant, etc.

Poésie dramatique. *chez les Grecs. Tragédie.* — **Chez les Grecs, la tragédie** naquit au milieu des fêtes de Bacchus (DIONYSIAQUES). Ce souvenir fut conservé par son nom (τράγος, bouc, — ᾠδή, chant), parce que le bouc, consacré à ce Dieu, y était immolé en son honneur, et non, comme l'ont prétendu Horace et Boileau, parce que cet animal était le prix du vainqueur dans les concours lyriques en usage dans ces solennités. Elle est sortie du **dithyrambe dorien** que chantait un chœur de personnages déguisés en Pans, Faunes et Satyres, pour célébrer quelque épisode de la vie de Bacchus.

Malgré les perfectionnements qu'y apporta **Thespis**, la tragédie ne s'éleva à toute sa hauteur qu'à l'époque où parurent **Eschyle, Sophocle et Euripide**. *ESCHYLE, SOPHOCLE, EURIPIDE.*

Venue après la tragédie, la comédie eut la même origine. La partie grave et liturgique des fêtes de Bacchus était suivie d'un banquet (κῶμος). Là se faisait entendre un chant (ᾠδή), mêlé de danses bouffonnes et de grossières plaisanteries à l'adresse des passants. La comédie est sortie peu à peu du **comos**, comme la tragédie du dithyrambe. C'est aussi l'étymologie la plus vraisemblable de son nom. *Comédie.*

De Mégare (*ancienne Grèce*), le dorien **Susarion** apporta la comédie dans les bourgs de l'Attique. Les promenades qu'y faisaient les acteurs exclus de la ville d'Athènes ont probablement donné lieu à l'étymologie peu certaine (κώμη, bourg, ᾠδή, chant), qu'Aristote en a donnée. *SUSARION.*

Grâce à la situation politique et sociale d'Athènes, la **comédie** prit rapidement un essor qui la fit considérer comme l'émule de la tragédie d'Eschyle et de Sophocle. Elle affecta d'en parodier les formes générales, et mêla tous les tons. La comédie *ancienne* se produisit presque simultanément dans deux centres, en Sicile et à Athènes. La comédie sicilienne introduisit dans les farces bachiques la première idée philosophique avec **Épicharme**, qui inaugura ainsi la *Comédie de mœurs et de caractère*. Politique et personnelle avec **Cratinus et Aristophane** dans la comédie *athénienne*, elle cessa de l'être avec **Antiphane et Alexis** dans la *moyenne* ; elle redevint générale et morale (*comédie de mœurs et de caractère*) avec **Philémon et Ménandre** dans la *nouvelle*. *Comédie ancienne.*

ÉPICHARME.

ARISTOPHANE.

C. moyenne et nouvelle.

Les Romains, imitateurs des Grecs, ne nous offrent en fait de tragédies que des traductions et des imitations dues à **Livius Andronicus, Nævius, Ennius et Sénèque**. Ils furent plus heureux dans la comédie. Importée par Livius Andronicus, comme la tragédie, la *Poésie dramatique à Rome.*

comédie grecque reparaît sur la scène avec **Plaute et Térence**, qui donnent à l'art dramatique chez les Latins un vif éclat.

Tragédie et drame en France du XVIe au XVIIIe siècle.

CORNEILLE, RACINE, VOLTAIRE, etc.

En France, ce fut l'école de Ronsard qui restaura la tragédie. **Jodelle**, qui s'était chargé de remettre au jour les tragiques grecs, ne nous rendit qu'une ombre de leurs drames. Pendant longtemps la tragédie française les imita. Malgré des essais qui vivent encore aujourd'hui, grâce à quelques situations vraiment tragiques comme dans le *Wenceslas* de **Rotrou**, elle n'atteignit son apogée qu'avec *le Cid*. **Corneille** et **Racine** en sont les plus illustres représentants. Mais elle dégénère au dix-huitième siècle, d'abord avec **Voltaire** et **Crébillon**, ensuite avec les froids imitateurs de Racine, tels que Lafosse, La Chaussée, Campistron, etc. Elle obtient quelques succès avec Marie-Joseph **Chénier**, dont le *Tibère* est resté au théâtre, grâce à quelques scènes très-belles.

XIXe siècle.

C. DELAVIGNE, PONSARD, A. DE VIGNY, etc.

Au XIXe siècle, la lutte des *classiques* et des *romantiques* a fait presque disparaître cette forme un peu surannée de la tragédie purement fictive, malgré quelques œuvres estimables de Casimir **Delavigne** (*Louis XI*, — *les Enfants d'Édouard*, etc.); — de **Ponsard** (*Lucrèce*, — *Agnès de Méranie*, — *Charlotte Corday*, etc.) pour faire place au *drame moderne*, vivant et réel, mélange de tragique et de comique, fondé sur la peinture exacte et les contrastes de la vie humaine. A divers titres, A. de **Vigny** (*Othello*, — *Chatterton*, etc.), **A. Dumas** père (*Henri III*, en prose, — *Hamlet*, en vers, etc.), se sont illustrés en ce genre.

V. HUGO.

La véritable tragédie moderne est le drame grandiose de **Shakespeare** en Angleterre, au XVIe siècle, celui dont V. **Hugo**, ajoutant l'exemple au précepte, a donné la théorie dans la célèbre préface de *Cromwel* (1827). Son *Ruy-Blas* en est chez nous l'expression la plus complète et la mieux réussie.

Comédie en France, au moyen âge.

Bien plus que la tragédie, la comédie a changé aujourd'hui d'objet et de caractère. Après les *moralités* les *farces*, les *sotties* du moyen âge, mélange des deux, étaient des pièces étranges dont *l'Avocat Patelin* est resté le meilleur type. La comédie française n'a été véritablement un genre littéraire que le jour où **Molière**, au dix-septième siècle, lui a appliqué sa verve comique, sa pénétrante observation, et lui a imprimé le sceau de son immortel génie. Après Molière, qui représente avec Regnard presque toute la comédie de son époque, on peut citer au XVIIIᵉ siècle Destouches, Dancourt, Piron (*la Métromanie*), **Lesage** (*Turcaret*), **Marivaux**, **Beaumarchais** surtout, dont *le Mariage de Figaro* et *le Barbier de Séville* nous offrent des modèles de comédie étincelante d'action, de vivacité et d'esprit. Ces trois derniers comiques n'ont écrit qu'en prose.

Comédie au XVIIᵉ et au XVIIIᵉ siècles.

MOLIÈRE, BEAUMARCHAIS, MARIVAUX, etc.

De nos jours la comédie est en grande faveur; elle est presque la seule *forme littéraire* qui existe encore sur nos théâtres. Malgré les œuvres, remarquables à des degrés différents, de Ponsard et d'Émile **Augier** écrites en vers, nos dramaturges tels qu'Alexandre **Dumas** père et fils, Octave Feuillet, Victorien **Sardou**, Jules Sandeau, Théodore Barrière, etc., n'ont employé que la prose dans leurs comédies. Ils en ont même transformé le fond, puisqu'elles ont presque toujours un côté tragique. L'usage seul lui a conservé son nom de *comédie*.

XIXᵉ siècle.

E. AUGIER, A. DUMAS, V. SARDOU, etc.

4° GENRE DIDACTIQUE ET PHILOSOPHIQUE.

Comme l'indique l'étymologie de son nom, la **poésie didactique** (διδάσκω, j'instruis) a pour objet *d'enseigner* des vérités de l'ordre moral ou physique, dans les arts ou dans les sciences.

Poésie didactique. Son objet.

Elle n'est pas flexible et variée à l'infini comme les autres genres poétiques. Son essence est *l'enseignement* et les *préceptes*. Elle étudie la nature et l'homme, renferme des vérités morales, des règles de goût, les principes du beau dans des vers expressifs, qui deviennent souvent des *proverbes*. La peinture des passions et des révolutions de l'humanité est rare dans le poëme didactique; elle n'en est jamais que l'accessoire.

Ses caractères.

Les sujets du **poëme didactique** appartiennent à tous les ordres d'idées. Une classification complète et absolue serait impossible; car non-seulement la poésie didactique traite tous les sujets, mais elle comporte une grande variété de tons. Le même poëme peut être à la fois

Poëme didactique.

philosophique, moral et religieux, scientifique et littéraire, etc. *Ex.* :

SUJETS.	NOMS DES POËMES.	AUTEURS.
Philosophique	*Poëme de la Nature*......	Lucrèce.
Moraux et religieux ...	*Poëme de la Religion*.....	Louis Racine.
Scientifique...........	*Géorgiques*............	Virgile.
Littéraire.............	*Art poétique*...........	Horace. Boileau.
Badin................	*Poëme sur la Gastronomie.*	Berchoux.
Agricole.............	*Travaux et Jours*.........	Hésiode.
Astronomique.........	*Phénomènes et pronostics..*	Aratus.

Conditions du poëme didactique.

Quel que soit le sujet d'un poëme didactique, il doit avoir les qualités qui conviennent à tout enseignement :
1° l'*ordre*, qui divise les matériaux du poëme d'une manière logique et en fait ressortir l'unité ;
2° la *variété*, qu'on obtient par l'emploi des épisodes choisis et amenés avec art ;
3° la *clarté* dans la pensée et dans l'expression.

Sa valeur poétique.

Les poëmes didactiques écrits en langue grecque, latine, française et étrangère sont innombrables. Toutes les sciences, tous les arts et tous les métiers ont servi de sujet à des poëmes de ce genre oubliés ou peu lus. En général, ils ennuient sans instruire. Au point de vue scientifique, ils n'ont pas la valeur des traités spéciaux ; au point de vue poétique, ils manquent d'élan, d'imagination et de sentiment. Les qualités même qu'exigent le poëme didactique, la méthode, l'exactitude en rendent l'exécution difficile. Il faut le génie d'un Lucrèce ou d'un Virgile pour y réussir, et donner la vie à des matières peu poétiques par elles-mêmes.

Poëme descriptif.

On distingue parfois du poëme didactique proprement dit le **poëme descriptif**, qui en est l'abus. Il est ainsi nommé parce que la *description* y tient la plus grande place. Cette variété du genre a suscité plus de **versificateurs** que de poëtes. Le poëte descriptif décrit pour le plaisir de décrire, sans intention morale ou scientifique, comme sans émotion. Pour lui, l'idéal est

POÉSIE — GENRE DIDACTIQUE ET PHILOSOPHIQUE.

le mérite de la difficulté vaincue dans la mise en scène de tous les phénomènes sensibles ; c'est une abondance stérile. La description doit être un *cadre poétique*, comme chez **La Fontaine**, et non le poëme tout entier, comme dans **Delille**.

Née avec le génie grec, la **poésie didactique** donne aux poëtes, par la bouche d'**Hésiode**, de naïfs préceptes d'agriculture et de marine. Réfléchie et savante avec **Parménide** et **Empédocle**, elle prend pour sujet la nature tout entière, la formation du monde, l'homme et les Dieux. Mais, plus tard, les **poëtes alexandrins** choisissent souvent des matières spéciales, la *géographie* ou la *médecine*, la *chasse* ou la *pêche*, et abusent de la description. Le plus illustre d'entre eux, **Aratus**, auteur des *Phénomènes*, a été traduit en vers par Cicéron et par Germanicus.

Poésie didactique.
chez les Grecs.

HÉSIODE, EMPÉDOCLE, ARATUS, etc.

La **poésie didactique** devait plaire au génie pratique des Romains ; aussi leur premier chef-d'œuvre poétique est-il le poëme philosophique *De natura rerum*, où **Lucrèce** « a pu connaître le principe des choses et mettre sous ses pieds toutes les terreurs et l'inexorable destin, et le bruit de l'avide **Achéron** »

Chez les Romains

LUCRÈCE.

> Felix qui potuit rerum cognoscere causas,
> Atque metus omnes et inexorabile fatum
> Subjecit pedibus, strepitumque Acherontis avari !
> (VIRGILE, *Géorg.*, liv. II, v. 490 et suiv.)

C'est ainsi que dans ses *Géorgiques*, le plus parfait peut-être des poëmes didactiques, **Virgile**, génie moins puissant, mais plus souple que celui de Lucrèce, a rendu hommage à son maître. En même temps **Horace**, dans son *Epître aux Pisons*, plus familière que didactique, donnait des préceptes de bon sens et des règles de goût pour la composition des œuvres littéraires (*Art poétique*). Après eux, chez les Romains comme chez les Grecs, la poésie didactique s'empare de sujets trop spéciaux avec **Manilius**, l'élégant mais superficiel auteur d'un poëme sur l'*Astronomie*. Elle aboutit aux poëmes de **Némésien** sur la *chasse*, sur la *pêche*, et à la *Psychomachie* (combat de l'âme) par **Prudence**.

VIRGILE.

HORACE.

MANILIUS, etc.

Appliquée à la composition de ses vastes et nombreuses épopées, de ses romans satiriques et d'aventure, notre littérature du **moyen âge** a produit peu de

Poésie didactique en France.

Moyen âge.

poëmes purement didactiques (*l'Image du monde* par **Gautier de Metz**, le *Destiaire* par **Philippe de Thaun**, etc.).

XVIᵉ et XVIIᵉ s.

Vers la fin du seizième siècle, Salluste **Du Bartas**, dans son poëme de *la Semaine*, ou *Création du Monde*, et Agrippa d'**Aubigné**, dans celui de *la Création*, suivent les traces d'un auteur anonyme du XIIIᵉ siècle, qui avait composé un poëme sur le même sujet. **Vauquelin de la Fresnaye** publie son *Art poétique*, que dans la seconde moitié du XVIIᵉ siècle, celui de **Boileau** devait presque faire oublier.

XVIIIᵉ siècle.

Au dix-huitième siècle, la poésie didactique en France prend, sous la double influence des économistes et des philosophes, un développement qui menace de devenir un fléau. Louis **Racine**, dans son *Poëme de la Religion*,

L. RACINE, VOLTAIRE,

Voltaire, dans celui qu'il écrivit sur *la Loi naturelle* et dans son *Épître à Horace*, montrent, l'un une correction élégante, mais froide, l'autre un accent de vérité qu'il ne sait pas soutenir. **Rosset** dans son poëme

ROSSET, Sᵗ.-LAMBERT. ROUCHER.

sur *l'Agriculture*, **Saint-Lambert** dans *les Saisons*, **Roucher** dans *les Mois*, déploient une grande facilité, mais leur art consiste trop souvent à ne pas appeler les choses par leur nom. Ils font comme ce poëte trop délicat, qui, voulant mettre en vers le mot d'Henri IV sur la poule au pot, et n'osant parler, dans une tragédie, ni de *dimanche*, ni de *poule*, ni de *paysan*, s'écriait pompeusement :

> Je veux que, dans ces jours consacrés au repos (*le dimanche*),
> L'hôte laborieux des modestes hameaux (*le paysan*)
> Sur sa table moins humble ait, par ma bienfaisance,
> Quelques-uns de ces mets réservés à l'aisance. (*la poule.*)
> (GABRIEL LEGOUVÉ, *la Mort de Henri IV*,
> acte IV, scène I.)

DELILLE, chef de l'école descriptive.

Au milieu du XVIIIᵉ siècle, sous l'influence de l'anglais Thompson et de l'allemand Gesner, naît et se développe **l'école descriptive**. Son véritable chef, **Delille**, auteur des *Trois règnes*, de *l'Homme des champs*, des *Jardins*, etc., poussa si loin l'abus de la description, que Marie-Joseph **Chénier** a pu dire de lui, en vers spirituels et méchants :

> Un âne sous les yeux de ce rimeur maudit
> Ne peut passer tranquille et sans être décrit.

Fausse et anti-poétique, cette école se prolongea jusqu'à l'Empire et la Restauration. Seul, **André Chénier** aurait peut-être pu, dans ses poèmes didactiques (*Invention*, *Hermès*, *l'Amérique*, etc.), dont l'échafaud est venu interrompre la composition, nous dédommager des œuvres peu poétiques que nous ont laissés les successeurs de **Delille**. **Fontanes**, auteur du *Verger*, **Castel**, chantre des *Plantes*, **Boisgelin**, de la *Botanique*, **Esmenard**, de la *Navigation*, **Gudin**, de l'*Astronomie*, etc., ont fait de ce genre de poésie un véritable abus. De nos jours, la poésie didactique a presque disparu; elle est destinée à périr, si elle ne trouve un renouvellement nécessaire dans l'œuvre d'un poëte de génie qui chantera les grandes conquêtes de la science moderne.

XIXᵉ siècle. Sous l'Empire et la Restauration.

FONTANES, ESMÉNARD, etc.

Outre les œuvres dont la forme est purement didactique ou descriptive, on peut faire rentrer dans ce genre de poésie celles qui, dans un cadre différent et moins étendu, ont pour objet un enseignement quelconque par la leçon directe ou indirecte que l'on en peut tirer. Elles s'y rapportent plus ou moins par la pensée et par le ton. Tels sont :

Poésie philosophique.

1° La **fable** ou apologue,   5° L'**Épigramme**,
2° Le **conte**,   6° L'**Inscription**,
3° L'**Épitre**,   7° L'**Épitaphe**.
4° La **Satire**,

Ses diverses formes.

1° La **fable** ou apologue (ἀπόλογος, conte) est un *récit allégorique qui contient une vérité morale, sous le voile d'une fiction facile à saisir*.

Fable.

Elle exprime d'une manière dramatique et vivante les mœurs, les ridicules et les faiblesses des hommes. La fable tient donc à la fois : de la **poésie didactique** par la leçon indirecte qu'elle nous donne ; de la **satire** par la critique de nos vices, et de la **comédie** par la mise en scène d'êtres ou d'animaux que l'on fait agir ou parler comme s'ils étaient des hommes.

Ses caractères.

C'est ainsi que **La Fontaine** a fait de la fable, simple et concise dans Ésope, Babrius et Phèdre, *une ample comédie à cent actes divers*. Si Boileau n'en a pas parlé dans son *Art poétique*, ce n'est pas, comme on l'a prétendu, par jalousie, mais parce qu'à l'époque où il a écrit son poème, la fable n'était pas encore classée

ÉSOPE, BABRIUS, PHÈDRE, LA FONTAINE.

parmi les genres littéraires. Peut-être aussi ne lui avait-elle pas semblé digne d'être remarquée.

Éléments de la fable.
1º Action.
2º Moralité.

On distingue dans la fable deux parties : 1º *l'action*, ou le *récit allégorique*, dans lequel on expose tout ce qui sert à déduire une leçon morale ; 2º la *moralité*, c'est-à-dire la leçon morale elle-même. La moralité doit être *claire*, *courte* et *juste*. Elle se place indifféremment au commencement ou à la fin.

Conte.

2º Le **conte** est un récit vrai ou imaginaire dont le but est en général d'amuser. Quelquefois satirique par l'intention, il peut être aussi inspiré par une pensée philosophique.

Le conte sert quelquefois comme épisode dans le poëme badin, dans l'épître, mais le plus souvent, il existe comme composition indépendante. Il tient une brillante place dans notre littérature.

Le conte est soumis aux règles de la narration (*unité, clarté, vraisemblance*). Ses qualités essentielles sont la simplicité dans le ton, la finesse, la grâce et la légèreté de la forme.

Épître.

3º **L'épître** en vers est en général un cadre assez restreint où l'on développe des réflexions sur des préceptes et des vérités philosophiques. Elle ne diffère qu'en étendue du poëme purement didactique. Suivant le sujet, l'épître est *grave, simple* et *familière*, toujours *élégante*. Si sa dimension est bornée, la compréhension du genre est indéfinie ; elle peut être *familière* ou *badine, philosophique* ou *historique*. (*Ex*. les *Épîtres* d'**Horace** et de **Boileau**.)

Satire.
Son but et ses caractères.

4º La **satire** (*satura*, mélange) est ainsi nommée parce qu'Ennius employa des vers de toute longueur dans ce genre de poëme. Elle a pour but la *description et la critique de nos vices et de nos ridicules*.

La satire ne diffère souvent de l'épître que par le style et le nom. Elle peint tantôt les *vices* et les *ridicules généraux de l'humanité* sous quelque forme qu'ils se présentent, tantôt les *vices* et les *travers particuliers* à chaque homme. C'est une leçon de sagesse et de conduite qui a la prétention, comme la comédie, de les guérir par la moquerie ou la flétrissure. Suivant le sujet, la satire prend le ton enjoué et légèrement moqueur, — (*Ex. Satires* d'**Horace** et de **Boileau**) —

HORACE, BOILEAU.

POÉSIE. — GENRE DIDACTIQUE ET PHILOSOPHIQUE.

ou la voix plus ample de l'indignation. Dans ce dernier cas, elle devient la « *mordante hyperbole* » de Juvénal et une impitoyable leçon adressée aux hommes d'une époque ou à l'humanité tout entière.

On distingue plusieurs espèces de satires : la satire *personnelle*, la satire *politique*, la satire *morale* et la satire *littéraire*.

Diverses espèces et formes de la satire.

La satire se présente sous des formes bien différentes. Elle prend quelquefois les proportions des grandes compositions poétiques, comme dans *les Tragiques* d'Agrippa d'Aubigné qui contiennent plus de neuf mille vers, et la *Dunciade* ou *Guerre des sots* de l'anglais Pope, poëme en quatre chants.

5° L'**épigramme** (ἐπίγραμμα, *inscription*) est une raillerie fine ou cruelle enfermée dans quelques vers aux pointes acérées. Virgile a immolé deux poëtes dans un seul vers :

Épigramme.

    Qui Bavium non odit, amet tua carmina, Mævi.

Suivant la définition de Boileau, l'épigramme

    N'est souvent qu'un bon mot de deux rimes orné.

Elle est quelquefois beaucoup mieux que cela. Sous une forme caustique, elle peut avoir une plus grande étendue, une portée plus haute, et présenter d'une manière piquante le résultat d'observations profondes, être, en un mot, une *satire en abrégé*.

L'épigramme est une satire en abrégé.

Ex. : Ce monde-ci n'est qu'une œuvre comique
    Où chacun fait ses rôles différents.
    Là, sur la scène, en habit dramatique,
    Brillent prélats, ministres, conquérants.
    Pour nous, vil peuple, assis aux derniers rangs,
    Troupe futile et des grands rebutée,
    Par nous, d'en bas, la pièce est écoutée.
    Mais nous payons, utiles spectateurs ;
    Et, quand la farce est mal représentée,
    Pour notre argent nous sifflons les acteurs.
        (J.-B. ROUSSEAU, *Épig.*, I, 18.)

L'épigramme n'a pas toujours été une *satire en abrégé*. Comme l'indique son étymologie, ce mot désignait spécialement, chez les Grecs, les *inscriptions* mises sur les monuments, les statues, etc. De cette signification primitive, il a passé à un sens plus étendu, et on l'a appliqué à toute pièce de vers, qui, comme celles de

Sa forme primitive.

l'Anthologie grecque, ne dépassait pas la longueur d'une inscription. L'épigramme n'est devenue satirique que chez les Romains, et plus tard chez les modernes.

Inscription. — 6° **L'inscription** consiste en un ou plusieurs vers gravés sur un monument pour transmettre à la postérité, quelquefois sous une forme ironique, la mémoire d'un fait.

Épitaphe. — 7° L'inscription placée sur un tombeau prend le nom d'**épitaphe** (ἐπί, sur, τάφος, tombeau).

Ex. L'épitaphe pour le tombeau d'Alexandre :

> Sufficit hic tumulus cui non suffecerat orbis.

5° GENRE PASTORAL.

Poésie pastorale. — La poésie pastorale ou **bucolique** (Βουκόλος, bouvier) est la *peinture dramatique des mœurs et des beautés champêtres*.

Ses caractères. — Souvent *narrative*, elle tient du genre épique. Elle participe quelquefois du poëme dramatique par le *dialogue*, du poëme didactique par la *description*. Son objet est d'inspirer aux habitants des villes l'amour de la nature en leur peignant les beautés et les plaisirs de la campagne.

On ne doit pas confondre la **poésie pastorale**, genre distinct en littérature, avec la **description** de la nature, dont le sentiment est exprimé, à des degrés divers, dans les autres genres littéraires, par les grands écrivains.

Sa double forme. — La poésie pastorale a une double forme, l'**églogue** et l'**idylle**.

Idylle. — L'idylle (εἰδύλλιον, petit tableau) diffère de l'églogue en ce qu'elle n'a généralement pas d'action. Elle ne contient que des *peintures de sentiment* ou de la *passion tendre*, quelquefois *modérée*, souvent *ardente*, qui se manifeste par des expressions pleines de douceur et de grâce. Boileau en a donné les règles suivantes :

Ses règles.

> Telle qu'une bergère aux plus beaux jours de fête
> De superbes rubis ne charge point sa tête,
> Et, sans mêler à l'or l'éclat des diamants,
> Cueille en un champ voisin ses plus beaux ornements;
> Telle, aimable en son air, mais humble dans son style,
> Doit éclater sans pompe une élégante idylle.

Son tour simple et naïf n'a rien de fastueux,
Et n'aime point l'orgueil d'un vers présomptueux.
Il faut que sa douceur flatte, chatouille, éveille,
Et jamais de grands mots n'épouvante l'oreille.
    (Boileau, *Art poét.*, chant II, vers 1 et suiv.)

Bien qu'il n'y ait pas de différence fondamentale entre ces poëmes, puisqu'ils ont tous deux pour objet de peindre la vie champêtre, on peut toutefois établir une distinction dans la manière de les composer.

L'**églogue** (ἐκλογή, choix, de ἐκ, parmi, λέγω, je choisis) est une petite pièce sur un sujet champêtre. Elle renferme ordinairement une *action*, prend la forme *dramatique* ou *épique*, c'est-à-dire qu'elle est en dialogue ou en récit. L'églogue se compose quelquefois de **chants alternés** ou *améběens*, — *amant alterna Camœnæ* (Virgile, *Egl.* III, vers 59), — dans lesquels des bergers s'entretiennent de la vie des champs dans un style simple et naturel. A cause de sa forme, elle a plus de mouvement que l'idylle. Voici ses règles d'après Boileau.

Églogue.

Ses règles.

Mais souvent dans ce style un rimeur aux abois
Jette là, de dépit, la flûte et le hautbois ;
Et, follement pompeux, dans sa verve indiscrète
Au milieu d'une églogue entonne la trompette.
De peur de l'écouter, Pan fuit dans les roseaux,
Et les Nymphes, d'effroi, se cachent sous les eaux.
    Au contraire, cet autre, abject en son langage,
Fait parler ses bergers comme on parle au village.
Ses vers plats et grossiers, dépouillés d'agrément,
Toujours baisent la terre, et rampent tristement :
On dirait que Ronsard, sur ses « pipeaux rustiques »,
Vient encor fredonner ses idylles gothiques,
Et changer, sans respect de l'oreille et du son,
Lycidas en Pierrot, et Philis en Toinon.
    Entre ces deux excès la route est difficile.
Suivez, pour la trouver, Théocrite et Virgile :
Que leurs tendres écrits, par les Grâces dictés,
Ne quittent point vos mains, jour et nuit feuilletés,
Seuls, dans leurs doctes vers, ils pourront vous apprendre
Par quel art sans bassesse un auteur peut descendre ;
Chanter Flore, les champs, Pomone, les vergers ;
Au combat de la flûte animer deux bergers ;
Des plaisirs de l'amour vanter la douce amorce ;
Changer Narcisse en fleur, couvrir Daphné d'écorce ;
Et par quel art encor l'églogue quelquefois
Rend dignes d'un consul la campagne et les bois.
Telle est de ce poëme et la force et la grâce.
    (Boileau, *Art Poét.* chant II, vers 11 et suiv.)

Poésie pastorale primitive.

Les anciens ont souvent compris sous le nom d'εἰδύλλια une foule de petits poëmes qui n'avaient rien de champêtre. On admet généralement qu'il y a eu dans l'antiquité une pastorale *naturelle*. La vie des champs a trouvé de bonne heure des interprètes en Sicile, en Arcadie, en Thessalie. De tous ces poëtes primitifs, le plus illustre fut **Diornos**, dont le souvenir seul a survécu avec celui du héros de ses poëmes, Daphnis. On trouve aussi des pastorales dans les tragiques et les comiques grecs, Homère, Hésiode, etc. (Cf. Egger, *Mém. de litt. anc.*, p. 242 et suiv.)

DIORNOS.

1º chez les Grecs.
THÉOCRITE.

Toutefois la pastorale *littéraire* est née du contraste de la vie des champs avec les raffinements de la civilisation. Elle apparaît chez les Grecs, au milieu de la cour savante d'Alexandrie, avec les *Idylles* de **Théocrite** (IIIᵉ siècle av. J. C.). Simple et naïve dans ses œuvres un peu factices, elle s'éloigne tout à fait de la nature avec **Bion, Moschus** et surtout **Callimaque**.

2º chez es Romains.
VIRGILE,
CALPURNIUS, etc.

Chez les Romains, **Virgile**, dans ses *Bucoliques*, fait subir à la poésie pastorale de profondes modifications. L'*églogue* devient, ce qu'elle a toujours été depuis, un cadre convenu destiné à recevoir des idées étrangères à la vie des champs, aux bergers et à leurs mœurs. Ce caractère ne fait que s'accentuer, au troisième siècle de l'ère chrétienne, dans les *Églogues* de **Calpurnius**, de **Némésien**, et au quatrième dans les *Idylles* d'**Ausone**.

3º en France au XVIᵉ siècle.
RONSARD,
R. BELLEAU, etc.

Presque inconnue en France au moyen âge, la poésie pastorale renaît au seizième siècle, au milieu des guerres politiques et religieuses qui ensanglantent la plus grande partie de l'Europe. Sous la double influence de l'Espagne et de l'Italie, elle charme dans des œuvres froides et maniérées les hommes si rudes de cette époque. **Ronsard**, par la bouche de son ami JOACHIM DU BELLAY, excite les poètes à lutter dans ce genre avec les anciens, et Remy **Belleau** publie sa *Bergerie* (1572) l'année même qui vit la Saint-Barthélemy.

XVIIᵉ siècle

SEGRAIS,
RACAN.

Réduite au silence par les clameurs de la guerre civile au XVIᵉ siècle, la poésie pastorale reparaît au commencement du XVIIᵉ avec l'*Astrée*, roman en prose d'Honoré d'**Urfé**, et devient l'objet d'un véritable engouement dans la société romanesque de l'hôtel de Rambouillet. Fausse et fade avec **Segrais**, **Racan**

Mme **Deshoulières**, malgré quelques jolis vers, elle n'ose montrer dans leur naturel aux courtisans de Versailles « ces animaux mâles et femelles » (les paysans) « dont parle La Bruyère.

La poésie pastorale conserve au dix-huitième siècle ce caractère de fausse rusticité. Les bergers et les bergères de **Fontenelle**, de **Florian**, de **La Motte-Houdart** n'ont jamais existé que dans leur imagination. Romans, comédies, opéras, poésies légères, presque tout est placé à cette époque dans un cadre champêtre. **Gentil-Bernard**, **Dorat** sont avant tout des poëtes citadins ; ils ne connaissent la campagne que de réputation. André **Chénier** seul a pu donner à ses *Idylles* un coloris digne de Théocrite, dans un genre où tout est plus ou moins faux, convenu et peu naturel.

De nos jours, **George Sand** dans certains romans (*François le Champi*, *la Mare au Diable*, etc.) et d'autres écrivains ont mis à la mode, sinon la poésie pastorale, du moins le goût des tableaux champêtres dans des œuvres en prose : *Ex. :* les scènes bretonnes d'**E. Souvestre** (*Scènes de la Chouannerie*, — *les Derniers Bretons*, etc.); — les scènes provençales (*Lettres de mon Moulin*) par **Alphonse Daudet** ; — le poëme en patois provençal de *Mirèio*, par **Mistral** ; — les scènes du Languedoc (romans de **F. Fabre**, *les Courbezon*, *Julien Savignac*, etc.). Mais la poésie pastorale proprement dite est morte, si un retour à la vérité ne lui rend la vie, comme ont pu nous le faire espérer l'épisode des *Laboureurs* de **Lamartine** dans *Jocelyn*, *les Pauvres gens* de Victor **Hugo**, quelques pages de *la Vie rurale*, des *Laboureurs et Soldats* de **J. Autran**, où se révèle un véritable sentiment de la nature.

XVIIIe siècle.

FONTENELLE,
DORAT,
A. CHÉNIER, etc.

XIXe siècle.

MISTRAL,

LAMARTINE,
V. HUGO,

J. AUTRAN.

APPENDICE.

Curiosités poétiques.

Mentionnons seulement pour mémoire certaines petites pièces de vers qui ne sont souvent que des tours de force poétique, et n'ont d'autre mérite que la bizarrerie de leur versification :

L'énigme,	La sextine,	Sonnets boîteux,
La charade,	La glose,	— mésostiches,
Le logogriphe,	Le pantoum,	— nus et vêtus,
L'acrostiche,	Les échos,	— commentés,
Les bouts rimés,		— rapporés, etc.

Cette dernière forme était variée jusqu'à l'infini dans les sonnets *serpentins, retournés, lozanges, croix de St-André*, etc.

Origine de ces curiosités au XVIᵉ siècle.

C'est au seizième siècle, au milieu des tâtonnements de notre langue poétique, que furent imaginées ces combinaisons bizarres que les poëtes de cette époque inventèrent dans leur fureur de nouveauté. Ces divers genres de composition nous intéressent tout au plus comme curiosités historiques.

Pour donner une idée du degré que peut atteindre cette étrange manie, il suffit de mentionner la pièce de vers qui se trouve dans **Rabelais** et dont la disposition typographique reproduit la forme d'une bouteille. Rappelons le sonnet baroque dont parle Guillaume **Colletet** dans la *Vie de Schelandre*, et qui était à la fois *acrostiche mésostiche, lozange*, et *croix de Saint-André*.

Vieilles rimes.

Nous avons passé en revue la poésie dans toutes les variétés de ses formes, depuis les plus sublimes créations du génie jusqu'aux caprices puérils du bel esprit et aux stériles combinaisons des maniaques. Terminons en énumérant les rimes les plus connues autrefois en usage, telles que la *kirielle*, la *batelée*, la *fraternisée*, la *brisée*, l'*empérière*, l'*annexée*, l'*équivoque*, la *couronnée*, etc.

Pour ceux qui désireraient les connaître davantage, nous les renverrons au chapitre où Pierre Richelet en étudie tous les détails dans son *Abrégé des règles de la Versification Françoise*. — *Voir* aussi le *Petit Traité de poésie française*, par Th. de Banville, auquel nous avons souvent emprunté des renseignements.

Différents genres de poésie.

RÉSUMÉ SYNOPTIQUE.

1° Lyrique.	2° Épique.	3° Dramatique.	4° Didactique.

Ode { sacrée, héroïque, morale, badine, }
Odelette,
Cantate.
PETITS POËMES.
1° *A forme libre.*
Élégie,
Épithalame,
Madrigal,
Chanson.
2° *A forme fixe.*
Lai,
Virelai,
Villanelle,
Rondel,
Rondeau,
Rondeau redoublé,
Triolet,
Ballade,
Double ballade,
Chant royal,
Sonnet.
	Épopée.
	
	Poëme héroïque
	ou
	historique.
	
	Poëme
	héroï-comique
	ou
	badin.
		1° **Genre tragique.**
		Tragédie,
		Drame,
		Mélodrame,
		Mimodrame,
		Opéra,
		Ballet.
		
		2° **Genre comique.**
		COMÉDIE :
		  1° de mœurs,
		  2° d'intrigue,
		  3° à tiroir.
		Proverbe,
		Vaudeville,
		Opéra-comique,
		Opérette,
		Saynète,
		Féerie,
		Farce,
		Parodie,
		Revue.
			Poëme didactique.
			— descriptif,
			Fable ou Apologue
			Conte,
			Épitre,
			Satire,
			Épigramme,
			Inscription,
			Épitaphe.

5° **Genre pastoral.** Églogue. Idylle.		**Curiosités poétiques.** Énigme, charade, logogriphe, acrostiche, bouts rimés, etc.	

Outre les Traités anciens et modernes sur la poésie, et en particulier la *Poétique* d'Aristote, l'*Art poétique* d'Horace et celui de Boileau, cités dans l'histoire abrégée de la rhétorique (p. 5 et 6), nous indiquerons les ouvrages suivants que nous avons souvent consultés avec profit :

Bibliographie.

Cf. LAMARTINE: *Les Destinées de la poésie*, en tête des *Méditations* ; — CASSIN : *Sur la poésie considérée spécialement dans sa nature, son objet et ses conditions*, thèse, in-8, 1832 ; — NISARD : *Examen des Poétiques d'Aristote, d'Horace et de Boileau*, thèse, in-8, 1845 ; — P. ALBERT : *La Poésie*, in-12, 1874, 2ᵉ édit. : — TH. DE BANVILLE, *Petit traité de poésie française*, in-12 ; —F. DE GRAMMONT, *Les Vers français et leur prosodie*, in-12, etc.

II

Prose.

Prose.
Sa définition grecque, française.

La **prose** (du latin *prorsa* ou *prosa oratio*, langage direct) est *le langage ordinaire des hommes, exempt des lois de la versification, de la mesure et de la rime poétiques*.

Les **Grecs** lui donnaient le nom de πεζὸς ou ψιλὸς λόγος, *langage pédestre*. Il est devenu le *sermo pedestris* des **Romains**, parce que ceux-ci comparaient sa marche à celle des gens de pied, dont le pas est plus lent que celui des cavaliers. Ils l'appelaient aussi « langage libre et dégagé d'entraves, *oratio soluta ac libera* ». La prose est donc le contraire de la poésie, qui est par excellence la langue de l'imagination et du sentiment.

On peut donner de la **prose** une définition simple et complète en citant les paroles bien connues que **Molière** met dans la bouche du *Bourgeois gentilhomme*: « Et comme l'on parle, dit M. Jourdain, qu'est-ce donc que cela? — De la prose. — Quoi? Quand je dis : Nicole, apportez-moi mes pantouffles et me donnez mon bonnet de nuit, c'est de la prose?— Oui, monsieur. »

Ses conditions essentielles.

Harmonie, simplicité, précision, sobriété.

La prose n'est astreinte qu'aux *règles grammaticales*, à *l'accord des mots* avec les idées et à celui des périodes avec les sentiments. Elle est toutefois susceptible d'une certaine **harmonie** provenant du nombre et de la cadence, qui la rapprochent de la poésie. Bien qu'en général la prose doive être *simple*, *précise* et *sobre d'ornements*, elle admet cependant quelquefois les mêmes images, les mêmes figures, des tours presque aussi hardis. Il n'a manqué à certains prosateurs que d'écrire en vers pour être placés au rang des plus grands poètes.

Ex. Chez les Grecs, la prose de **Platon**; chez les Romains, celle de **Tite-Live**; en France, celle de **Bossuet**, de **Fénelon**, etc.

La prose est la langue de la raison et de la science. Fidèle image de la réalité, elle s'adresse surtout à l'intelligence, et son but est de *persuader*, d'*instruire* et de *plaire*. La prose *persuade* les hommes en leur démontrant la vérité, en la faisant pénétrer dans le cœur par l'éloquence (**genre oratoire**) ; elle *instruit* en racontant les événements du passé (**genre historique**), en faisant connaître les découvertes de la science et de l'histoire, les résultats de l'observation, de l'expérience et de l'analyse (**genre didactique et philosophique**). Elle *plaît* par le charme des fictions romanesques, par le récit d'aventures réelles ou imaginaires, par la peinture des mœurs et des caractères (**genre romanesque**). La prose peut tout à la fois nous *convaincre*, nous *instruire* et nous *charmer*, au moyen de ces conversations par écrit entre personnes absentes, qu'on appelle *lettres* (**genre épistolaire**).

Pour traiter tant de sujets si différents, la prose a besoin de sa forme libre, dégagée de cette mesure rigoureuse, qui est tout à la fois pour la poésie une gêne et une puissance.

Un habile prosateur de nos jours, **L. Veuillot**, a fait l'éloge de la prose dans quelques vers bien frappés :

> O prose ! mâle outil et bon aux fortes mains !
> Quand l'esprit veut marcher, tu lui fais des chemins ;
> Sans toi, dans l'idéal il flâne et vagabonde.
> Vrai langage des rois et des maîtres du monde,
> Tu donnes à l'idée un corps ferme et vaillant ;
> Tu l'ornes si tu veux ; jamais un faux brillant
> A sa simplicité malgré toi ne s'ajoute.
> Grave dans le combat, légère dans la joute,
> Tu vas droit à ton but, et tu n'as pas besoin
> De lâcher de la corde au mot qui fuit trop loin.
> Ton métal est à toi. Serve de la pensée,
> La phrase saine et souple, en son ordre placée,
> Vit, commande déjà ; le poëte aux abois
> Poursuit encor la rime à travers champs et bois.
> Bossuet a fini lorsque Boileau commence.
> En prose l'on enseigne et l'on prie et l'on pense ;
> En prose l'on combat. Les vers les plus heureux
> Sont faits par des rêveurs ou par des amoureux.
> Dans les nobles desseins dont l'âme est occupée,
> Les vers sont le clairon, mais la prose est l'épée.

(L. Veuillot, *Satires*, liv. I, Préliminaires, p. 22.)

La prose de la science n'est pas toujours la prose

Principaux caractères de la prose : persuader, instruire, plaire.

Avantages et éloge de la prose.

Prose scientifique et prose littéraire.

littéraire. Pour que le savant soit un véritable écrivain, il ne suffit pas qu'il expose dans toute sa rigueur une vérité mathématique, une découverte scientifique; le goût demande quelque chose de plus. Son style doit nous révéler ses sentiments et ses émotions, quand il raconte les merveilles de la nature, expose les grandes découvertes de la science, analyse les facultés de l'âme, quand il démontre la vérité sous toutes ses formes. C'est ce que n'ont pas oublié **Fénelon** et **Bossuet** en exposant les abstractions de la métaphysique, **Buffon** en prêtant aux animaux les mœurs et les passions des hommes, **Cuvier** en décrivant les révolutions du globe.

Abrégé historique de la prose.

Dans le développement de la pensée, la prose a certainement précédé les vers; il n'en est pas de même dans l'histoire littéraire, où elle a été devancée par le langage poétique. En effet, à l'origine des sociétés, lorsque l'écriture n'existait pas encore, on a dû, pour conserver les œuvres de la pensée, les revêtir d'une forme qui pût les fixer d'une manière durable dans la mémoire des hommes. Tel a été le privilége de la poésie.

> Sic honor et nomen divinis vatibus atque
> Carminibus venit.
> (HORACE, *Art poét.*, vers 400.)

1° Chez les Grecs.

Chez les Grecs l'*Iliade*, l'*Odyssée*, des chants lyriques, les premiers monuments de la poésie philosophique et didactique avaient paru depuis environ trois siècles, quand les *logographes* (λογογράφοι, rédacteurs de discours, historiens) **Hécatée** de Milet, **Phérécyde** de Léros, **Hellanicus**, jetèrent les fondements du genre historique, et qu'après eux **Hérodote** écrivit ses *Histoires*.

2° Chez les Romains.

Chez les Latins, les *Chants des frères Arvales*, **Ennius**, **Lucrèce** sont venus avant **Cicéron**, **César** et **Salluste**. Les *Chants saliens* ont précédé les premiers essais d'éloquence militaire et politique (**Caton**, les **Gracques**), les livres des premiers historiens (*Grandes annales*, *Livres des pontifes*), etc.

3° En France.

En France, lorsque parurent les premiers prosateurs, **Villehardouin, Froissart, Joinville, Commines**, la littérature avait déjà des monuments de son génie poétique dans les *épopées* du **Cycle carlovingien**, les chants des Troubadours et des Trouvères.

Des genres de composition en prose et de leurs caractères.

Les différents genres de composition en prose sont :
1° le genre **oratoire**,
2°   —   **historique**,
3°   —   **didactique et philosophique**,
4°   —   **romanesque**,
5°   —   **épistolaire**.

Genres en prose.

Avant d'aborder l'étude des divers genres de composition en prose, nous répéterons en abrégé ce que nous avons dit pour les compositions en vers. En prose, comme en poésie, il n'y a pas, absolument parlant, de grands genres et de petits genres, de genres secondaires. Une lettre de **Mme de Sévigné** ou de **Voltaire** peut être un chef-d'œuvre, comme une oraison funèbre de **Bossuet** ; sous sa modeste forme, elle est supérieure à un lourd traité de philosophie ou à un livre d'histoire écrit d'un style pesant et plat. Nous adopterons la classification la plus simple et la plus naturelle.

Critique des anciennes classifications.

1° GENRE ORATOIRE.

Le genre oratoire comprend : 1° l'**éloquence politique** ou de la **tribune**, 2° **militaire**, 3° **judiciaire** ou du **barreau**, 4° **sacrée** ou de la **chaire**, 5° **académique** ou **savante**.

Genre oratoire.

1° L'éloquence **politique** ou de la **tribune** est celle qui a pour objet de discuter, dans les assemblées délibérantes, sur les affaires d'une nation et les grands intérêts de l'État.

Éloquence politique.

L'éloquence **politique** appartient au genre **délibératif**. Elle comprend les discours de *politique générale*, les discours d'*affaires particulières* ou *locales*, la *discussion des lois*, etc. *Ex.* Discours de **Mirabeau** sur le droit de paix et de guerre ; — celui de l'abbé Maury sur la constitution civile du clergé, etc.

Genre délibératif.

L'éloquence politique s'adresse à tout un pays ; elle met quelquefois en question les destinées et l'existence d'un peuple.

Éloquence politique chez les anciens et les modernes.

Chez les **anciens**, c'est dans **les assemblées populaires** que se rendaient les **orateurs** et qu'on discutait les intérêts généraux. Chez les Grecs, elle avait pour théâtre l'*agora*; chez les Romains, le *sénat* et le *forum*.

Chez les **modernes**, c'est à la tribune du parlement que se produit l'éloquence politique. Les grandes discussions de nos assemblées depuis la Révolution jusqu'à nos jours, les luttes célèbres du parlement anglais avec **Pitt**, **Fox**, **Sheridan**, ont passionné plusieurs générations. Ce genre d'éloquence paraît nécessairement froid, le jour où sont éteintes les passions qui l'ont fait naître.

Éloquence militaire
1° Chez les anciens.

2° L'**éloquence militaire** est celle qu'emploie un général pour soutenir ou exciter le courage de ses soldats.

Chez les **anciens**, ces sortes de discours étaient fort en usage. Dans les républiques d'Athènes et de Rome, les généraux avaient souvent occasion de parler à la multitude dans les assemblées publiques. La plupart d'entre eux étaient à la fois orateurs et hommes d'État.

Généraux orateurs et hommes d'État.

Quand ils quittaient la tribune pour les camps, ils continuaient à faire des discours comme dans les assemblées populaires, et retrouvaient le même auditoire dans leurs soldats, car les armées d'alors n'étaient autre chose que le peuple armé pour la défense de la patrie. Cela explique la présence de nombreuses harangues de généraux chez les historiens grecs et latins. Elles n'ont probablement jamais été prononcées telles qu'elles se trouvent dans leurs œuvres, mais leur conformité avec les mœurs du temps montrent qu'elles étaient alors en usage.

2° Chez les modernes.

Chez les **modernes**, les harangues militaires ont moins d'art et d'étendue. Elles ne sont souvent que quelques mots vifs et rapides, nobles et généreux, capables d'exciter l'enthousiasme des troupes.

HENRI IV.

Ex. Les paroles de **Henri IV** avant la bataille d'Ivry :

« Je suis votre roi, vous êtes Français, voilà l'ennemi... Ne perdez pas de vue mon panache blanc, vous le trouverez toujours au chemin de la victoire et de l'honneur. »

LA ROCHEJACQUELIN.

Celles de **La Rochejacquelin** aux paysans Vendéens :

« Si j'avance, suivez-moi ; si je recule, tuez-moi ; si je meurs, vengez-moi. »

On pourrait peut-être retrouver le type des discours que faisaient les anciens dans les **proclamations** et **bulletins** adressés à l'armée, et qui ne sont souvent que des **ordres du jour** écrits. Leur principal caractère est l'énergie jointe à une certaine brièveté. *Ex.* les proclamations de **Bonaparte**.

3° L'éloquence **judiciaire** ou du **barreau** est celle qui s'exerce devant des juges pour accuser ou défendre. La science du droit est le fonds même de cette éloquence. Elle discute les affaires civiles et criminelles. Son intérêt est limité comme le public d'un tribunal, car une plaidoirie ne s'adresse pas à tout un pays, comme un discours politique.

Éloquence judiciaire.

L'éloquence judiciaire comprend les **réquisitoires, les plaidoyers, les mémoires et rapports** sur les procès, les **mercuriales, les discours de rentrée** des cours et tribunaux.

C'est encore dans l'antiquité qu'il faut chercher les noms les plus illustres de l'éloquence judiciaire ; c'est au style immortel de **Démosthène**, d'**Eschine** chez les **Grecs**, de **Cicéron** chez les **Romains**, que bien des affaires et des procès d'un intérêt médiocre pour nous, ont dû l'honneur de passer à la postérité.

1° Chez les anciens : DÉMOSTHÈNE, CICÉRON.

Chez les **modernes**, en France, le barreau a long-temps été barbare et ne s'est révélé que vers la fin du seizième siècle avec les éloquentes *Mercuriales* de Michel l'Hospital, la fameuse plaidoirie d'Etienne **Pasquier**, où il soutint contre VERSORIS, avocat des Jésuites, les priviléges de l'Université. Mais les discours du barreau à cette époque, surchargés de citations étrangères à la cause, de subtilités ingénieuses, dont RACINE a fait justice dans sa comédie des *Plaideurs*, ne sont guère connus que des érudits. **Patru** en est, au dix-septième siècle, le plus illustre représentant. Le barreau du dix-huitième siècle, malgré ses **Causes célèbres**, ne nous a laissé d'autres pages lisibles que celles de **Voltaire** pour la défense de LABARRE et de l'infortuné CALAS, et quelques-unes de **Beaumarchais** dans ses *Mémoires*. Le dix-neuvième siècle compte de grands noms dont la postérité déterminera le rang. *Ex.* **Berryer, Dufaure, Jules Favre**, etc.

2° les modernes : L'HOSPITAL, PATRU,

VOLTAIRE,

BEAUMARCHAIS, etc.

Éloquence sacrée.
(Genre démonstratif.)

4° L'éloquence **sacrée** ou de la **chaire** est celle qui a pour objet d'enseigner aux hommes réunis dans les temples les vérités morales et dogmatiques de la religion.

Les qualités nécessaires à l'orateur chrétien, pour porter avec fruit la parole évangélique, sont : la *sainteté* dans sa vie, la *gravité*, la *chaleur*, l'*onction* et la *clarté* dans ses discours. Son style doit être exempt de déclamation; il ne doit point rechercher l'effet, et, selon l'expression de saint Jérôme, il faut que « les larmes de ses auditeurs soient ses seules louanges ».

1° Chez les anciens.

Les **anciens**, en faisant du **genre démonstratif** l'une des grandes divisions de l'éloquence, n'en ont pas connu la forme la plus élevée. Chez eux, il consistait seulement dans l'éloge ou le blâme, le panégyrique et l'éloge funèbre.

C'est au **christianisme** que nous devons la création de l'éloquence de la chaire, dont **Bossuet** est chez nous la plus glorieuse personnification. Elle a commencé avec les **Apôtres** et s'est continuée avec les **Pères de l'Église grecque et latine** (saint Jean Chrysostôme, saint Basile, saint Grégoire de Nazianze, etc.; — saint Ambroise, saint Augustin, etc.).

PÈRES DE L'ÉGLISE.

2° Chez les modernes.

Un peu effacée au **moyen âge**, sauf les brillantes exceptions des orateurs qui prêchèrent les croisades, et dont il ne nous reste presque rien, mêlée d'érudition payenne et chrétienne au **seizième siècle**, l'éloquence sacrée n'a atteint chez nous la véritable perfection qu'au **dix-septième siècle (Bossuet, Fénelon, Bourdaloue, Massillon)**. Avec Fléchier, la décadence semble se faire sentir. Médiocre au dix-huitième siècle, malgré les fragments un peu surfaits du P. Bridaine, l'éloquence de la chaire est devenue, pour ainsi dire, *militante* au dix-neuvième siècle. La discussion est son arme journalière contre le rationalisme et les hardiesses de la philosophie contemporaine. Il suffit de rappeler la brillante succession d'orateurs chrétiens qui ont illustré la chaire de Notre-Dame et de Saint-Sulpice depuis la Restauration; Frayssinous, le P. Lacordaire, le P. Ravignan, le P. Félix, le P. Hyacinthe, le P. Monsabré, etc.

BOSSUET, FÉNELON, BOURDALOUE, MASSILLON.

Les différentes espèces de discours sacré sont : 1° le **sermon**, 2° le **prône**, 3° l'**homélie**, 4° le **panégyrique**, 5° l'**oraison funèbre**.

Différentes espèces de discours sacré.

Le **sermon** est un discours dans lequel l'orateur évangélique expose les dogmes de la morale et de la religion. Outre les qualités générales qui conviennent à tous les discours sacrés, l'*unité* et la *méthode* semblent plus particulièrement propres au sermon. *Ex.* le *sermon* de Fenelon *sur l'Epiphanie*, ceux de Massillon sur l'*ambition des grands*, dans le *Petit carême*, et *sur la mort*, dans son *Avent*.

1° Sermon.

Le **prône** est une instruction simple et familière faite aux fidèles durant la messe. Il exige deux qualités principales : l'*onction* et la *brièveté*.

2° Prône.

L'**homélie**, comme son nom l'indique (ὁμιλία) est un entretien familier dans lequel le prêtre explique et paraphrase les *Évangiles* et les *Épîtres*. L'orateur développe devant ses auditeurs les réflexions morales que lui suggère la lecture du texte sacré. Elles doivent être *simples*, car l'esprit et la recherche y seraient déplacés. *Ex.* les *homélies* des **Pères de l'Église**, surtout celles de **saint Jean Chrysostôme**.

3° Homélie.

Le **panégyrique** est uniquement consacré à la louange des saints. L'orateur doit rappeler les principales circonstances de leur vie, et en rattacher les faits à leur principale vertu. Juste mélange d'éloge et de morale, tel est l'idéal du genre. *Ex.* **Bourdaloue**, *Panégyrique de saint Louis*.

4° Panégyrique.

L'**oraison funèbre** est un discours prononcé du haut de la chaire chrétienne pour honorer les morts illustres par leur naissance, leur rang, leurs vertus et leurs actions. Toutefois, l'éloge de ces grands personnages est subordonné aux doctrines de la religion; il sert à les confirmer. Il nous offre une double leçon en nous enseignant la vanité des choses humaines et l'espoir dans une autre vie. C'est le genre de discours sacré qui demande le plus de génie et d'élévation. *Ex.* Les **Pères de l'Église, Saint-Grégoire de Nazianze**, *Or. fun. de Césaire*, son frère, celle de *saint Grégoire*, son père, de *saint Basile*, son ami, etc.;— **Saint Grégoire de Nysse**, *Or. fun. de saint Mélèce*, etc.; — **Saint Ambroise**, *Or. fun. de Théodose, de Valentinien*, etc.;

5° Oraison funèbre.

PÈRES DE L'ÉGLISE GRECQUE ET LATINE.

Oraison funèbre chez les anciens et les modernes.

— **Bossuet**, les six *Oraisons funèbres classiques*; — **Fléchier**, celle de *Turenne*; — **Lacordaire**, celle du *général Drouot*, id. *d'O'Connell*, etc.

Si le christianisme devait donner à ce genre d'éloquence un caractère véritablement grandiose, il n'en est pas le créateur. Les **anciens** le connaissaient. En **Égypte**, les prêtres faisaient, devant le peuple, l'éloge des rois après leur mort. Dans la **république** démocratique et jalouse d'**Athènes**, des orateurs populaires prononçaient publiquement des oraisons funèbres pour honorer plutôt la mémoire des citoyens en général, morts en défendant leur patrie, que celle d'un grand homme en particulier. *Ex.* l'*Oraison funèbre* de **Périclès** en l'honneur des soldats tués à la guerre de Samos (441 av. J.-C.).

PÉRICLÈS.

Chez les **Romains**, l'oraison funèbre était le privilège de la noblesse avant de devenir celui des empereurs. Elle fut d'abord considérée comme une sorte de récompense nationale pour ceux dont on faisait l'éloge. C'est ainsi que **Valérius Publicola** fut chargé de prononcer celui de *Brutus* devant le peuple assemblé. Mais la vanité des familles et la flatterie altérèrent de bonne heure le caractère des oraisons funèbres. Parmi les plus célèbres, on citait dans l'antiquité celles que **Jules César** prononça en l'honneur de sa tante *Julie* et de sa femme *Cornélie*. Antoine rendit hommage au cadavre sanglant de *César*. Après avoir interdit la tribune aux citoyens, **Auguste** y monta pour faire l'éloge funèbre de *Marcellus*, son neveu, et de *Drusus*, fils de sa femme, Tibère celui d'*Auguste*, Caligula celui de *Tibère*, Néron celui de *Claude*, etc. Toutes ces oraisons funèbres sont aujourd'hui perdues.

V. PUBLICOLA.

J. CÉSAR.

AUGUSTE.

Mais ces éloges, sans caractère religieux, n'avaient qu'un rapport purement nominal avec notre oraison funèbre. On peut rapprocher chez nous des éloges funèbres de ce genre, celui qu'a prononcé **Voltaire** en l'honneur des officiers morts dans la *Guerre de la succession d'Autriche* (1741).

VOLTAIRE.

5° L'éloquence **académique** ou **savante** est celle qui a pour théâtre les académies et sociétés savantes. Elle appartient au **genre démonstratif** ou d'apparat.

Éloquence académique. (Genre démonstratif.)

Les conditions dans lesquelles s'exerce l'art oratoire pour le critique, l'historien, le philosophe, le publiciste, même le savant, sont tout à fait différentes les unes des autres. Le professeur dans sa chaire, le publiciste dans son journal, l'historien, le philosophe et le savant dans leurs livres, peuvent aussi atteindre l'éloquence, sans être des orateurs de profession ; car il y a toujours de l'intérêt et une grandeur mêlée d'émotion, à poursuivre l'erreur et à enseigner la vérité.

Éloquence académique.
1° chez les anciens.

Chez les **Grecs**, excepté dans l'origine et au premier siècle de l'ère chrétienne, les **rhéteurs** n'étaient guère que des **sophistes** qui défendaient le pour et le contre. Chez les **Romains**, ils le furent aussi, sauf Quintilien. Sous les empereurs, cette éloquence ne produisit que des **déclamations**. Les *lectures publiques* et les *improvisations* sur les belles-lettres n'offrirent jamais rien de très-remarquable.

RHÉTEURS ET SOPHISTES

Né au dix-septième siècle, lors de la **fondation de l'Académie française**, par Richelieu, ce genre d'éloquence a eu à cette époque d'illustres représentants : **La Bruyère, Fénelon**, etc.; et au dix-huitième siècle : **Voltaire, Buffon, Montesquieu**, etc.

LA BRUYÈRE, FÉNELON, VOLTAIRE, etc

Au **dix-neuvième siècle**, de célèbres professeurs en Allemagne, en Angleterre, en France, ont ouvert une nouvelle carrière à la parole publique. Il suffit de rappeler ici les noms célèbres de **Royer-Collard, Cousin, Guizot, Villemain, Saint-Marc Girardin** et de bien d'autres qui, de nos jours, ont enseigné avec tant d'éclat devant les auditoires de la Sorbonne et du Collége de France la philosophie, l'histoire, l'éloquence et la poésie. Ce genre d'éloquence a encore trouvé d'illustres représentants à l'Académie française et dans les autres classes de l'Institut.

2° les modernes :

COUSIN, GUIZOT, VILLEMAIN.

L'éloquence *académique* ou *savante* comprend : 1° les **discours de réception**, 2° les **éloges historiques**, 3° les **rapports** sur les prix de vertu et les concours littéraires, 4° les **harangues** et **compliments**, 5° les **mémoires** sur les sciences, les arts, les lettres et tous les genres d'érudition, 6° les **discours funèbres**.

Différents genres de discours académiques

1° **Le discours de réception** est celui que prononce un membre nouvellement élu le jour, il est admis officiellement à l'Académie française ou dans une société savante et auquel répond le directeur président.

Discours de réception.

Ex. le discours de réception de **La Bruyère**, — celui de **Fénelon**, etc.

Pendant longtemps, à l'Académie française, le sujet de ce genre de discours a été invariablement l'éloge de l'académicien décédé, celui de Richelieu, fondateur de l'Académie, et du prince régnant. **Voltaire** est le premier qui ait traité un point de littérature, innovation bientôt suivie par **Buffon** dans son *Discours sur le style*. Aujourd'hui, sans abandonner sa forme primitive, on passe en revue et on apprécie les œuvres de l'académicien décédé.

2° **L'éloge**, pris dans son sens le plus étendu, est un discours à la louange de quelque personnage. Chez les anciens il se confondait avec le panégyrique et l'oraison funèbre.

Chez les **Grecs**, l'éloge public des guerriers morts pour la patrie était une institution politique et nationale. *Ex.* celui de **Démosthène** pour les soldats athéniens morts à la bataille de Chéronée.

On faisait aussi l'éloge des citoyens qui avaient rendu quelques services à la patrie. *Ex.* celui de **Léonidas** à Sparte, etc.

D'autres éloges étaient *politiques* et *historiques*. *Ex.* le *panégyrique d'Athènes*, — l'*éloge d'Evagoras* par **Isocrate**, — celui d'*Agésilas* par **Xénophon**, etc.

Chez les Romains, l'usage des éloges en l'honneur des grandes actions ou des vertus d'un personnage illustre exista dès les premiers temps de la république.

Ex. L'éloge collectif des *soldats de la légion de Mars*, morts en combattant contre Antoine, par **Cicéron**, dans sa quatorzième *Philippique*, — ceux de *Virginius Rufus*, d'*Agricola* par **Tacite**.

Chez les modernes, les éloges consistent en *oraisons funèbres*, dont nous avons déjà parlé, et en *discours académiques*, dont l'usage remonte au dix-septième siècle. Les plus célèbres parmi ces derniers sont ceux de **Fontenelle** à l'Académie des sciences, ceux de **d'Alembert**, celui de *Corneille* par **Racine** à l'Académie française, celui de *Bossuet* par **la Bruyère**, les *éloges historiques* de **Thomas**, etc.

On peut ranger dans ce nombre les *discours* qui sont

chaque année couronnés par l'Académie française ou les autres classes de l'Institut. Leur sujet est tantôt l'éloge d'un grand écrivain, tantôt le tableau littéraire, scientifique ou économique de la France à une époque déterminée. *Ex.* les *éloges* de *Montaigne* et de *Montesquieu* par **Villemain**, — *le Tableau de la littérature française* au seizième siècle par Philarète **Chasles** et **Saint-Marc Girardin**, — les éloges de *Vauvenargues* et de *Regnard* par **Gilbert**, — ceux de *Saint-Evremond* et de *J. J. Rousseau* par **Gidel**, etc.

VILLEMAIN,
PH. CHASLES,
GILBERT, etc.

3° On doit aussi classer dans l'éloquence académique les **rapports annuels** faits à l'Académie française, lors de la distribution des prix de vertu établis par M. de Monthyon ; les **rapports littéraires** faits par le secrétaire perpétuel, où il passe en revue les ouvrages couronnés (*prix d'éloquence, de poésie*); les livres présentés et jugés dignes d'une récompense (grand prix Gobert, prix Bordin, etc). *Ex.* les *Rapports* de **Villemain**, etc.

Rapports.

4° Les **harangues** et **compliments** sont des *discours de félicitation*, de *remercîments* ou de *condoléances* adressés à un prince ou à une personne élevée en dignité, dans une circonstance solennelle. Leurs principales qualités sont l'*élégance* et surtout la *délicatesse.*

Harangues.

5° Les **mémoires** sont des *dissertations sur un sujet littéraire ou scientifique* destinées à être lues devant un corps savant. On y consigne des observations ou des découvertes faites dans une science ou dans un art ; on y discute des points d'histoire, de chronologie, de critique, etc.

Mémoires.

Le style de ce genre de discours académique doit être *simple, concis, nourri de faits*, et s'adresser plutôt à la raison qu'à l'imagination. *Ex.* les *Mémoires* publiés dans le Recueil de l'Académie des inscriptions et belles-lettres, etc.

6° On peut rattacher à l'éloquence académique les **discours** qu'on prononce de nos jours sur la tombe des membres de l'Institut, des grands personnages et des écrivains célèbres.

Discours funèbres.

2° GENRE HISTORIQUE.

Genre historique.

Le **genre historique** ou **histoire** (ἱστορία, information, recherche) embrasse le *récit* et l'appréciation *des événements* remarquables qui constituent la vie sociale et religieuse, politique et militaire, littéraire et scientifique de l'humanité.

Son objet et son but.

L'histoire raconte les faits accomplis ; elle les coordonne, remonte à leurs causes, en déduit les conséquences et apprécie leurs degrés de moralité. **Cicéron** l'appelle avec raison « le témoin des temps, la lumière de la vérité, l'histoire du présent, l'école de la vie, la révélatrice du passé. » *Testis temporum, lux veritatis, vita memoriæ, magistra vitæ, nuntia vetustatis,* etc. (Cic., *De Orat.*, II, 9.)

L'histoire chez les anciens est une œuvre d'art ;

On retrouve bien quelques essais historiques dans les littératures orientales, mais on peut dire que l'histoire véritable est née en Grèce. Créée par les *logographes* d'abord, perfectionnée par des historiens tels qu'**Hérodote**, **Thucydide**, elle est devenue une œuvre littéraire, grâce à leur curiosité, à leur esprit d'investigation souvent philosophique, à leur intelligente recherche de la vérité. Les **Grecs**, comme plus tard les **Romains**, n'ont pas séparé l'histoire de l'éloquence ; *nihil est magis oratorium quam historia*, disait Cicéron. Le genre historique devint même chez les **rhéteurs** un chapitre de leurs *Traités sur l'art oratoire*. De là cet usage des *harangues* chez les anciens historiens, cette habitude de reproduire des discours, non tels qu'ils avaient été prononcés, mais de les transformer, de les composer même s'ils n'existaient pas, en les appropriant à leur récit avec un sentiment plus ou moins exact de la vraisemblance. Les **anciens** considéraient l'histoire plutôt comme une *œuvre d'art* que de *science*.

chez les modernes, une œuvre de science.

C'est le contraire chez les **modernes**. Ils croient avec raison qu'il faut sacrifier l'intérêt dramatique à la vérité. Au dix-neuvième siècle, **l'histoire** renouvelée par le travail incessant de la critique et de l'érudition est avant tout une **œuvre de science**. Elle appuie ses récits sur des documents originaux et authentiques, et ne néglige aucune source de renseignements. Elle doit être aussi **une œuvre d'art**, en ce sens qu'on n'est grand historien qu'à condition d'animer tous ces matériaux par une peinture vivante, et de donner à ses récits l'intérêt d'une action, sans altérer la vérité.

Les **sources** principales de l'histoire sont : les **traditions orales** habilement interprétées, les **monuments directs et indirects** (*inscriptions, médailles, arcs de triomphe, chartes, mémoires, correspondances, journaux*, etc.). Il faut y joindre les **pièces diplomatiques officielles ou secrètes**, dont l'interprétation réclame une science particulière. Quant aux **journaux**, ce sont les éléments de l'histoire dont il faut le plus se défier, à cause des préjugés et des passions qui empêchent de juger impartialement les événements contemporains. C'est ce genre d'événements que l'**historiographe** est *chargé* de raconter (*Ex.* **Racine** et **Boileau** ont été les historiographes de Louis XIV). Il ne faut pas le confondre avec l'**historien** de profession.

Les qualités nécessaires à l'historien sont à la fois *morales* et *littéraires*.

Les qualités *morales* peuvent se réduire à l'**impartialité** ; l'histoire doit être *fidèle* et *entière* à tous les points de vue. *L'historien doit être un étranger sans patrie*, a dit Lucien. Suivant Fénelon, *il ne doit être d'aucun pays, d'aucun temps*. De nos jours Augustin Thierry disait : « *Il ne faut pas faire l'histoire au profit d'une seule idée* ». L'impartialité consiste donc à n'avoir aucun parti pris politique ou religieux, à juger s'il est possible les événements « sans faveur comme sans colère », *sine ira atque studio*, selon l'éloquente expression de Tacite.

Les qualités *littéraires* de l'historien sont :

1° L'*art de grouper les événements*, afin d'en marquer la suite et les rapports mutuels, de séparer les causes des effets, les faits principaux des faits secondaires. **Voltaire** a peut-être manqué à cette règle dans son *Siècle de Louis XIV* en traitant isolément des guerres, de l'administration, des finances, des beaux-arts, etc., ou en faisant de ces chapitres des groupes trop distincts.

2° Un *choix habile des détails* les plus propres à faire revivre un héros, ou à peindre la physionomie

Sources de l'histoire :
1° *Tradition.*
2° *Monuments.*

Qualités nécessaires à l'historien :
1° *Qualités morales.*

Impartialité, etc.

2° *Qualités littéraires.*

1° Grouper les faits ;
2° Choix des détails ;
3° Ton simple.

d'une époque en observant la *couleur locale*. *Ex.* Augustin **Thierry** : *Récits mérovingiens*.

3° Un *ton simple et grave* dans le style, comme celui d'un témoin qui dépose devant un tribunal.

Talent et connaissances universels nécessaires à l'historien.

La mise en œuvre des matériaux de l'histoire exige un *grand talent* de composition, une étude particulière des faits, une *critique* attentive et pénétrante dans leur appréciation. Lois, guerre, finances, institutions administratives et politiques, langues, chronologie et géographie, « ces deux yeux de l'histoire », rien de tout cela ne doit être étranger à celui qui veut être un grand historien. Il doit avoir des **connaissances** presque **universelles**.

Expérience de la vie politique.

Sans être tout à fait indispensable, l'**expérience de la vie politique** est aussi très-nécessaire à l'historien ; elle alimente la source de ses méditations et agrandit le cercle de ses études. Excepté **Hérodote** et quelques autres, tous les historiens de la Grèce furent des hommes publics, généraux ou orateurs. Il en fut de même à Rome. Chez les modernes, **Machiavel**, **Guichardin**, Paolo **Sarpi** en Italie, de **Thou**, d'**Aubigné**, **Guizot**, **Thiers** en France, pour n'en citer que quelques-uns, ont été mêlés à presque tous les événements politiques de leur temps. D'illustres historiens cependant, tels que Augustin **Thierry**, **Michelet**, etc., n'ont jamais été chez nous que des hommes d'étude.

Différentes espèces d'histoire :
1°
Histoire narrative.

Au point de vue de la **méthode** ou de la **composition**, l'histoire est *narrative*, *critique* et *philosophique*.

1° Elle est *narrative*, quand elle raconte simplement les faits sans les apprécier. **Fénelon**, au dix-septième siècle, et de **Barante** au dix-neuvième (*Histoire des ducs de Bourgogne*), etc., représentent cette école, qui a pour devise ces mots de Quintilien : *Scribitur ad narrandum non ad probandum*

critique.

2° L'histoire *critique*, ajoute au récit exact des faits la recherche de leurs causes et l'appréciation des hommes qui les ont accomplis. Elle est le *témoin* et le *juge* des événements qu'elle transmet à la postérité. *Ex.* chez les Grecs, **Thucydide**, **Polybe** ; — chez les Romains, **Tacite** ; — en France, Ph. de **Commines**, et la plupart de nos historiens contemporains : **Guizot**, **Thiers**, **Mignet**, **Michelet**, Augustin et Amédée **Thierry**, de **Vaulabelle**, H. **Martin**, etc.

3° Elle est *philosophique* quand elle *recherche les lois générales de la vie des nations.*

Histoire philosophique.

Science nouvelle, à peine entrevue par nos pères, la **philosophie de l'histoire** résume les innombrables découvertes faites par l'érudition et la critique dans le domaine de l'histoire ancienne et moderne. Prenant pour point de départ les annales de chaque nation, elle s'élève à la **conception d'une seule histoire générale.** Elle embrasse d'un coup d'œil la génération des idées, des constitutions, des révolutions chez tous les peuples. *Ex.* **Bossuet**, *Discours sur l'histoire universelle,* — l'italien **Vico**, *Principes d'une science nouvelle,* — **Montesquieu**, *Esprit des lois,* — **Voltaire**, *Essai sur les mœurs et l'esprit des nations,* — **Herder**, *Idées sur la philosophie de l'humanité,* — le **P. Gratry**, *La philosophie de l'histoire,* etc.

Considérée sous le rapport de **l'étendue des sujets,** l'histoire est :

1° *Universelle,* si elle embrasse l'ensemble des faits dont la terre a été le théâtre, chez tous les peuples et dans tous les siècles.

2° *Générale,* quand elle fait connaître les origines, les progrès, les révolutions et la décadence de tout un peuple.

3° *Particulière,* lorsqu'elle se borne à une période isolée, à un événement spécial, à une province ou à une ville.

2°
Histoire :
universelle,
générale,
particulière.

Au point de vue des éléments **qui constituent la société,** on a divisé l'histoire en deux grandes parties : **l'histoire sacrée** et **l'histoire profane.**

L'histoire **sacrée** raconte tous les faits relatifs à la religion depuis le commencement du monde jusqu'à nos jours. Elle se subdivise en deux parties :

1° Histoire **sainte,** ou récit d'après les Saintes Écritures des faits antérieurs au christianisme.

2° Histoire **ecclésiastique,** ou histoire qui traite de l'établissement de l'Église et de son développement à travers les siècles.

3°
Histoire sacrée :

sainte,

ecclésiastique.

On peut ajouter comme appendice à l'histoire sacrée celle de **toutes les religions** qui, sous différentes formes et avec des sectes variées, se sont établies de tout temps sur le surface du globe.

Histoire profane :

L'histoire **profane** comprend l'histoire *civile, politique* et *intellectuelle* de tous les peuples. On la divise en trois grandes périodes :

ancienne,

1° Histoire *ancienne*, depuis l'origine des sociétés dans l'antique Orient jusqu'à la chute de l'empire romain, à la fin du quatrième siècle après Jésus-Christ.

moyen âge,

2° Histoire du *moyen âge*, depuis la ruine du monde romain jusqu'à la prise de Constantinople par les Turcs ottomans, sous Mahomet II (1453).

moderne.

3° Histoire des *temps modernes* depuis le milieu du quinzième siècle jusqu'à nos jours. (*Voir* nos *résumés synoptiques* des diverses histoires littéraires pour les noms des plus célèbres historiens).

Formes de l'histoire :
Annales ou chroniques.

Les principales formes de l'histoire sont :

1° Les **annales** ou **chroniques**, qui consistent le plus souvent dans un *simple récit*, quelquefois même dans l'*énumération* des faits sans étude critique, année par année, suivant l'ordre chronologique. *Ex.* **Hérodote** chez les Grecs, — les *Annales* des **Pontifes** chez les Romains, — les *Chroniques* de **Saint-Denis**, celles de **Froissart**, et les nombreux monuments de ce genre dans la littérature française du moyen âge.

Mémoires.

2° Les **mémoires** sont des *espèces d'histoires individuelles* où l'auteur raconte sa vie (*autobiographie*), et les événements dont il a été témoin ou acteur. Il peint ses contemporains avec des détails plus minutieux et plus familiers que ne le comporte la sévérité habituelle de l'histoire. C'est le genre français par excellence.

LA ROCHEFOUCAULD, RETZ, ST-SIMON, etc.

Ex. les *Mémoires* de la **Rochefoucauld**, — du cardinal de **Retz**, — de Mme de **la Fayette**, — de Mme de **Motteville**, — de **Saint-Simon**, — de Mme **Roland**, — de **Beugnot**, — de **Malouet**, — tous ceux qui ont été réunis dans les *Collections de mémoires relatifs à l'histoire de France*, de Guizot, — de Buchon, — de Michaud et Poujoulat, — de Petitot et Mommerqué, de Barrière. Plusieurs ont été exhumés ou reproduits par la *Société de l'histoire de France*, qui en a soumis les textes à la critique la plus sévère et la plus pénétrante.

Biographie.

3° On appelle **biographie** le récit de la vie d'un seul homme ; c'est l'histoire individuelle. *Ex.* Vie *des hommes illustres* par **Plutarque**, — *Vie d'Agricola* par Tacite, — *Vie de Henri IV* par Hardouin de **Péréfixe**, — *Histoire de Charles XII* par **Voltaire**, etc.

4° L'histoire **littéraire** raconte les *origines*, les *progrès*, les *transformations* et la *décadence* des lettres, des sciences et des arts. La *vie* des écrivains, artistes, savants, fait aussi partie de son domaine. *Histoire et critique littéraire.*

Elle prend le nom de **critique littéraire** quand elle ne se contente pas de faire la biographie des écrivains et le tableau littéraire d'une époque, mais lorsqu'elle *apprécie* les œuvres qu'ils ont produites, d'après les **règles rigoureuses de la science moderne**. L'histoire littéraire étudie, au moyen de l'analyse psychologique, leur influence, les circonstances qui les ont fait naître, le milieu dans lequel elles ont été enfantées. La critique applique donc le sentiment du beau et du vrai au jugement des sciences, des arts et des lettres. Elle est à la fois une **science et un art**.

Dans l'antiquité grecque et latine **Aristote et Quintilien**, en France, aux dix-septième et dix-huitième siècles, le P. **Le Bossu** dans son *traité* sur le *Poëme épique*, l'abbé d'**Aubignac** dans celui qu'il a composé sur la *Tragédie*, **Le Batteux** dans ses *Principes de littérature*, se sont occupés seulement de la *forme*. La critique a été pour eux une partie de la rhétorique. À ce point de vue elle se rattache au **genre didactique**. Elle laisse de côté la vérité et l'éclat des peintures. Nul souci de l'histoire, des différences de temps et de lieu; elle ne quitte pas la région des théories abstraites. **Fénelon, Voltaire, Diderot, La Harpe** (*Cours de littérature*) n'échappent pas toujours à ce reproche. *La critique ancienne et moderne (XVIIe et XVIIIe siècles).*

De notre temps, le **domaine de la critique littéraire est plus vaste**. Les questions de forme sont secondaires; on étudie plutôt ce qui est la *vie* d'une œuvre littéraire, ce qui en fait l'*âme*. On la replace dans le milieu qui l'a fait naître; et pour la juger sérieusement, on est obligé de reconstituer l'état politique, social et religieux dans lequel elle a été produite. La critique est donc la reconstruction complète du passé littéraire d'une nation. *La critique littéraire au XIXe siècle.*

La critique littéraire du dix-neuvième siècle prend un **grand nombre de formes**, suivant les sujets qu'elle traite et le genre d'esprit de l'écrivain (*Tableaux littéraires, études et portraits, monographies*, etc.).

Ex. **Villemain**, *Cours de littérature au moyen âge, — au dix-huitième siècle.* — **Saint-Marc Girardin**, *Cours de littérature dramatique*, — **Nisard**, *Histoire de la littérature française*, — **Sainte-Beuve**, *Causeries du lundi, Portraits littéraires*, — **Cuvillier-Fleury** *Portraits historiques et littéraires*, — **Ch. Lenient**, *la Satire en France au moyen âge et au seizième siècle*, et les nombreux recueils d'articles sur toutes les branches de la littérature publiés dans les Revues littéraires et savantes, par un grand nombre d'écrivains contemporains : Paul de **Saint-Victor**, **Taine**, **Schérer**, **A. de Pontmartin**, **F. Sarcey**, etc.

On peut rattacher à l'histoire et surtout à l'histoire littéraire la **bibliographie** qui en est le complément. Elle peut être *générale, spéciale*, ou *particulière*.

La bibliographie **générale** est l'*étude critique et raisonnée* des différents ouvrages relatifs à toutes les branches des connaissances humaines. *Ex.* **Brunet**, le *Manuel du Libraire*.

La bibliographie **spéciale** s'occupe des ouvrages qui traitent d'une seule branche de la science. *Ex.* **Quérard**, *la France littéraire*.

La bibliographie **particulière** a pour objet d'étudier, d'après les mêmes principes, les textes manuscrits ou imprimés d'un écrivain, et les différentes éditions qui en ont été publiées. *Ex.* La *bibliographie moliéresque* du bibliophile **Jacob**; — et toutes les bibliographies particulières publiées dans les éditions des *Grands Écrivains de la France*, sous la direction de M. Regnier (Malherbe, Mme de Sévigné, Corneille, Racine, etc.).

3° GENRE DIDACTIQUE ET PHILOSOPHIQUE.

Le **genre didactique** en prose comprend tous les *traités de philosophie*, de *métaphysique*, de *littérature*, de *jurisprudence*, sur les *arts*, les *sciences morales* et *politiques*, etc., c'est-à-dire les ouvrages qui ne peuvent appartenir entièrement ni à l'histoire, ni à l'éloquence, et qui, en général, ont pour objet l'**enseignement** de la vérité dans les diverses branches des connaissances humaines. Ce genre renferme donc l'inventaire raisonné d'une grande partie des richesses intellectuelles de l'humanité. Il éclaire la pratique par la théorie. *[Objet du genre didactique.]*

Quels que soient l'objet, le but et la forme de ce genre d'ouvrages, ses principales qualités sont la *méthode*, c'est-à-dire l'*ordre* dans l'enseignement et la *clarté* du style. *[Ses qualités.]*

On peut diviser les ouvrages **didactiques** en deux classes principales : 1° les **traités**, c'est-à-dire les livres purement *didactiques*, 2° les **œuvres variées**, qui, sans être des traités proprement dits, se rattachent plus ou moins par le fond et par la forme au genre didactique. *[Division des ouvrages didactiques.]*

1° On appelle **traités** des ouvrages purement *didactiques*, où l'écrivain *expose les principes d'un art ou d'une science*. C'est le répertoire des vérités, des règles trouvées par l'observation et l'expérience. Ces traités prennent, en général, le nom de l'objet spécial dont ils s'occupent. *Ex.* la *Rhétorique* et la *Poétique* d'**Aristote**, — le *Traité des études* de **Rollin**, etc. *[Traités purement didactiques.]*

2° Il est difficile, pour ne pas dire impossible, de faire une classification absolue, et surtout une énumération des **œuvres variées** qui, sans être des **traités** proprement dits, contiennent cependant des leçons indirectes, puisées dans la recherche et l'étude des vérités littéraires, scientifiques, morales, religieuses, etc. *[Œuvres variées.]*

Suivant son caprice et le caractère spécial du sujet, l'écrivain nous les présente sous forme de *dissertation morale*, de *traité*, de *dialogue philosophique*, d'*essais*, de *notices*, de *mélanges littéraires et scientifiques*, de *caractères*, de *maximes et pensées*, etc.—Les formes que revêtent les **œuvres** qui ne sont pas purement *didactiques*, varient à l'infini ; elles se multiplient tous les jours de plus en plus. Les auteurs d'œuvres variées sont appelés **polygraphes**. *Ex.* **Lucien** dans l'antiquité ;—**Voltaire** dans les temps modernes.

Les auteurs de *traités didactiques* ou d'*œuvres variées* qui s'y rattachent plus ou moins directement, peuvent être divisés en six catégories principales : 1° **phi-**

losophes, — 2° **savants**, 3° **publicistes**, — 4° **économistes**, — 5° **moralistes**, — 6° **critiques**, auteurs de traités purement didactiques.

Diverses sortes d'auteurs didactiques.

Philosophes.

On appelle **philosophes** les écrivains qui ont pour objet **l'étude de la philosophie** proprement dite, c'est-à-dire l'étude de l'homme en lui-même, dans ses rapports avec le monde et avec Dieu.

A l'origine, la **philosophie** a été *l'amour de la sagesse* ou *de la science*, deux mots synonymes chez les Anciens, avant Pythagore. Elle était aussi la *science universelle* ; mais, au sixième siècle avant J. C., Socrate la ramena à l'étude de l'homme (γνῶθι σεαυτόν). Redevenue *universelle* avec Platon et Aristote, elle fut après eux, excepté dans le système de Descartes, une *science particulière* ; elle l'est encore aujourd'hui.

Division de la philosophie.

La philosophie élémentaire comprend :

Psychologie.

1° La **psychologie** ou *science de l'âme*, dont l'objet est la recherche des faits et des lois de la vie spirituelle dans l'homme.

Logique,

2° La **logique** ou *science des lois de la pensée*, qui est l'art de diriger l'esprit dans la recherche et la démonstration de la vérité.

Morale,

3° La **morale** ou *science des devoirs*, qui étudie les règles propres à diriger l'*activité* humaine.

Théodicée,

4° La **théodicée** ou *étude rationnelle* de Dieu, de son existence, de ses attributs, de ses rapports avec l'homme et avec le monde.

On peut y ajouter, comme complément, la **métaphysique** et l'**histoire de la philosophie**.

Méthaphysique,

1° La **métaphysique** est la *science des causes premières*, des conditions générales et universelles de l'*être*, abstraction faite des diverses formes qu'il peut revêtir. Elle recherche les principes qui dominent à la fois le monde physique et le monde moral. Elle touche par quelques points à la **théodicée** et à la seconde partie de la **psychologie**. On l'appelle aussi **ontologie** (λόγος, science, — ὄντος, de l'être).

Histoire de la philosophie.

2° L'**histoire de la philosophie**, est l'*étude critique* des doctrines philosophiques chez les anciens et les modernes. C'est l'exposition sommaire et l'appréciation des opinions professées par les différentes écoles.

Les sages et les écrivains qui ont exposé l'ensemble

de leurs *théories* sur ces différentes parties de la philosophie ou même ceux qui ont traité quelque point relatif à l'une d'elles sont des **philosophes** proprement dits. *Ex.:*

Philosophes proprement dits.

Chez les **Grecs**.	Chez les **Romains**, imitateurs des Grecs.	Au **moyen âge**.	Chez les **modernes**
Pythagore, Socrate, Platon, Aristote, Épicure, Zénon, etc.	Cicéron, Sénèque, Marc-Aurèle, etc.	Alcuin, Roscelin, Guillaume de Champeaux, Abailard, Albert le Grand, Saint Thomas d'Aquin, etc.	Bacon, Descartes, Spinoza, Leibniz, Locke, Kant, Hégel, etc.

Au lieu du traité purement *didactique*, et pour donner plus de vivacité à leur pensée, d'intérêt à leurs théories, les **philosophes** ont souvent employé la forme du **dialogue**.

Dialogue philosophique.

Le dialogue **philosophique** est un *entretien* de deux ou de plusieurs personnes, dans lequel on expose et discute une question qu'on veut résoudre, ou une vérité qu'on veut démontrer. *Ex.* les *dialogues* de **Platon** et de **Lucien** chez les Grecs, — ceux de **Cicéron** chez les Romains, — en France, au XVIIIe siècle, ceux de **Fénelon** sur l'*éloquence*, les *Entretiens* de **Fontenelle** *sur la Pluralité des Mondes*, et de nos jours l'ouvrage de **Vacherot** sur la *métaphysique et la science*, etc.

On doit ajouter aux **philosophes** les écrivains qui ont exposé des *théories*, des *doctrines* ayant des rapports généraux ou particuliers avec la philosophie, et qui se sont occupés des sciences auxquelles elle donne leurs principes et leurs méthodes (philosophie des *sciences mathématiques, chimie*, etc., — rhétorique, jurisprudence, beaux-arts, etc.) Tels sont :

Auteurs d'œuvres variées et de traités didactiques.

1° Les **savants** comme Fontenelle, Buffon, Cuvier, Arago, Geoffroy-Saint-Hilaire, J.-J. Ampère, Claude Bernard qui nous font connaître le résultat de leurs ob-

Savants.

servations sur les phénomènes de la nature, dont ils ont découvert les lois;

Publicistes. 2° Les **publicistes** et les journalistes, en prenant ce dernier terme dans son sens le plus élevé. *Ex.* Montesquieu, Chateaubriand, Benjamin Constant, Armand Carrel, Tocqueville duc Victor de Broglie, Prévost-Paradol, Rémusat, John Lemoinne, Ed. About, etc., ont étudié, dans leurs œuvres ou leur articles, les *lois générales* des peuples, les *principes* du droit public et les *règles* du gouvernement des nations;

Économistes. 3° Les **économistes** recherchent les lois qui régissent la *production* et la *distribution* des richesses. Leur science s'appelle **économie politique**; elle appartient aussi à l'ordre moral. *Ex.* Quesnay, Turgot, Dupont de Nemours, en **France**, au dix-huitième siècle; — de nos jours, J.-B. Say, Blanqui, Frédéric Bastiat, Michel Chevalier, Joseph Garnier, Wolowski, — Malthus et Adam Smith, en **Angleterre**, etc.

Moralistes. 4° Les **moralistes** sont les philosophes qui étudient l'âme humaine et en peignent tantôt les penchants élevés, les sentiments nobles, tantôt les faiblesses, les ridicules et les vices. Ils représentent les hommes tels qu'ils sont, ou tels qu'ils s'offrent à leur observation, mais n'enseignent pas directement la morale. *Ex.* les *Essais* de **Montaigne** au seizième siècle; — les *Maximes* de **La Rochefoucauld**, les *Pensées* de **Pascal**, les *Caractères* de **La Bruyère**, au dix-septième siècle; — au dix-huitième, les œuvres de **Vauvenargues**, *Maximes* et *Réflexions*; — au dix-neuvième, les *Pensées* et *Maximes* de **Joubert**, etc.

Critiques. 5° Les **critiques**, auteurs de *traités* purement *didactiques*, recherchent et exposent les principes et les règles des beaux-arts, des belles-lettres, etc. *Ex.* Chez les **Grecs**, Aristote, Longin, etc.; — à **Rome**, Cicéron, Quintilien, etc.; — en **France**, Fénelon, Voltaire, Marmontel, Ch. Levêque (*Science du beau*), etc. (*Voir* pour de plus amples détails, notre *Tableau de l'histoire abrégée de la Rhétorique*, p. 2 et 3.)

4° GENRE ROMANESQUE..

Genre romanesque. Le genre **romanesque** est l'ensemble des œuvres en prose qui nous intéressent au *récit d'aventures et de passions tantôt imaginaires, tantôt vraies* et observées dans la vie réelle, mais arrangées et presque toujours embellies par le caprice et le style de l'écrivain.

Règles générales. Par la grande variété des sujets qu'il traite et des formes qu'il revêt, ce genre échappe à des **règles** précises. On peut toutefois en indiquer quelques-unes qui ne peuvent être que très-générales : *vraisemblance* des événements, *vérité* des caractères, *observations* justes et délicates des passions du cœur humain ; *mesure* et *sobriété* dans les analyses, les descriptions et les peintures ; *mouvement et rapidité* dans le récit ; *décence* et *dignité* dans le style. De plus, tout roman doit contenir une leçon directe ou indirecte, bien que la plupart des romanciers aient souvent manqué à ce devoir.

Origine du roman. Né du *besoin de distraction* et du *goût* que tous les peuples ont pour les fictions, le **roman** est un récit comme l'épopée. A l'origine de notre littérature, il s'est confondu avec elle. Leurs différences sont celles qui séparent la poésie de la prose, la narration régulière et élevée de la composition familière ou fantaisiste, l'idéal et les sentiments héroïques du but et des actions de la vie ordinaire.

Son utilité. Ce genre a rencontré des juges très-sévères. Mais, sans admettre tous les romans dangereux ou immoraux, on peut toutefois admirer les bons et invoquer, en faveur de la faible humanité qui réclame une trêve aux préoccupations sérieuses, le vers de La Fontaine :

> Le monde est vieux, dit-on : je le crois ; cependant
> Il le faut amuser encor comme un enfant.
>
> (*Le pouvoir des fables*, VIII, 4.)

Son domaine et ses éléments. Le roman a un **domaine** aussi vaste que celui de l'imagination et du sentiment, mais il touche à tous les genres. Il est avant tout la **peinture des mœurs et des passions** sous le voile d'une fiction. Huet, le savant évêque d'Avranches, désignait au dix-septième siècle **l'amour** comme la source unique des romans ; elle en

140 LITTÉRATURE.

L'amour est la principale source du roman.

est toujours la plus féconde et la plus heureuse comme la plus variée. Malgré les *allégories* dont il s'enveloppe, le roman est en général, sous des formes diverses, la **peinture de la société** contemporaine des romanciers. Il a presque toujours été l'expression des principales idées philosophiques, morales, religieuses ou fantaisistes des peuples qui l'ont cultivé; il en a pris aussi le caractère.

Divers genres de romans: Roman proprement dit,

Il y a plusieurs espèces de romans : le **roman** proprement dit, le **conte** et la **nouvelle**.

Le **roman** proprement dit peut être : 1° purement **fictif**, 2° **historique**, 3° **maritime**, 4° **philosophique**, 5° de **mœurs**, 6° **intime**, etc. Ces deux derniers genres rentrent sans cesse l'un dans l'autre.

fictif,

1° Le roman purement *fictif* est celui où tout est inventé. *Ex. Daphnis et Chloé* de **Longus**.

historique,

2° Le roman *historique* est celui où la fiction est mêlée à l'histoire. *Ex.* La plupart des romans d'**Alexandre Dumas** père en France; — ceux de **Walter Scott** en Angleterre, etc.

maritime,

3° Le roman *maritime* est celui où l'auteur retrace des scènes de la mer. *Ex.* Quelques romans d'**Eugène Sue** en France; — ceux de **Cooper** en Amérique, etc.

philosophique,

4° Le roman *philosophique* met en scène des personnages qui ont pour but de démontrer une vérité, de réfuter une erreur et de combattre un préjugé. *Ex.* Les romans de **Voltaire**.

Cette espèce de roman est quelquefois *sceptique, anti-religieux, anti-social*.

de mœurs,

5° Le roman de *mœurs* a pour objet de peindre la société où il se produit; il en est souvent la satire. *Ex. Gil-Blas* de **Lesage**; —*la Comédie humaine* de **Balzac**, etc.

intime.

6° Le roman *intime* nous initie aux sentiments et aux passions du cœur humain (*Ex. Manon Lescaut* de l'abbé **Prévost**). C'est quelquefois une **autobiographie**. *Ex. Confessions* de **J.-J. Rousseau**; — *Adolphe* de **Benjamin Constant**, etc.

Conte.

Le **conte** est le *récit d'un événement imaginaire ou demi-historique* dont le but est quelquefois d'instruire, toujours d'amuser. On en distingue plusieurs espèces: les contes *orientaux* (*les Mille et une Nuits*); — les contes *moraux*, ceux de **Marmontel**; — les contes *allégoriques*, ceux de **Perrault** ; — les contes *philosophiques*, ceux de Voltaire ; — les contes *fantastiques*, ceux de Charles **Nodier**, etc.

Le conte admet quelquefois le **merveilleux**. Les fées, les génies, les géants, les enchanteurs, et tous ces personnages fantastiques des poëtes du moyen âge y jouent un grand rôle. **Perrault** s'est distingué dans les contes de ce genre, et La Fontaine se plaisait à leur lecture :

Le merveilleux dans le conte.

> Si Peau-d'Ane m'était conté,
> J'y prendrais un plaisir extrême.
> (La Fontaine, *Le pouvoir des fables*, VIII, 4.)

La **nouvelle** est un *roman de petite dimension*. Elle admet le *merveilleux* plus rarement que le **conte**, choisit quelquefois les sujets où domine une passion tendre et mélancolique, souvent aussi une aventure purement amusante. Ce nom de **nouvelle** (*novella*) remonte aux premiers troubadours provençaux.

Nouvelle.

Ce genre a été très-cultivé aux quatorzième, quinzième et seizième siècles. Il est devenu de nos jours l'une des formes les plus ordinaires du roman.

Ex. : Les *Nouvelles* de la reine de Navarre (*Heptaméron*) au seizième siècle ; — les *Nouvelles genevoises* de **Topffer**; — les *Nouvelles* de **Ch. Nodier**, d'**Alfred de Musset**, de **Mérimée**, de **Théophile Gautier**, au dix-neuvième, etc.

Dans le roman on a souvent employé un procédé qui occupe une grande place dans la poésie : c'est celui où domine l'élément **descriptif**.

Procédé descriptif.

La *description* est la peinture vive et animée des lieux, des mœurs et de la nature extérieure des corps.

Son historique dans la littérature française.

Souvent employée dans les interminables romans du moyen âge, la description, plus rare ou plutôt différente au dix-septième siècle, comme dans les romans d'**H. d'Urfé**, dans le *Télémaque* de **Fénelon** et dans quelques pages de son *Traité sur l'existence de Dieu*, a reparu au dix-huitième siècle. Elle a repris possession du roman avec **J.-J. Rousseau** et **Bernardin de Saint-Pierre** qui, dans l'histoire du cœur humain et des passions, ont donné une grande place à la nature extérieure.

J.-J. ROUSSEAU, BERNARDIN DE SAINT-PIERRE, CHATEAUBRIAND, etc.

Au dix-neuvième siècle, **Chateaubriand** et Mme de **Staël** nous ont raconté, l'un les souvenirs de ses voyages en Amérique et son *Itinéraire* de Paris à Jérusalem, l'autre nous a décrit dans *Corinne* les musées de l'Italie. Walter **Scott** en Angleterre, chez nous Victor **Hugo**, Alexandre **Dumas** père, **Balzac** et une foule de romanciers de nos jours se font remarquer dans la description des *mœurs* et des *costumes*.

Abus du procédé descriptif.

Beaucoup d'entre eux ont *abusé* du **procédé descriptif**. Tantôt ils ont exploité le moyen âge en antiquaires, faisant, comme des experts, l'*inventaire* des intérieurs et des ameublements ; tantôt ils ont décrit, en traçant le portrait des personnes, jusqu'à la coupe des habits ; ils ne nous font grâce d'aucun détail. C'est là le mauvais côté de ce genre, qui demande, avant tout, la *sobriété*, et dans lequel il faut surtout que « la plume soit un pinceau ».

Dans la description d'un lieu, d'un paysage ou des personnes, l'écrivain doit avant tout choisir le point de vue le plus favorable, les traits les plus saillants, les contrastes qui peuvent frapper davantage l'imagination. Il faut savoir s'arrêter à temps ; l'écueil, c'est l'abus. Boileau a eu raison de dire :

> Qui ne sait se borner ne sut jamais écrire.
> (*Art poét.*, chant I, vers 63.)

Voltaire a complété cette pensée par un vers devenu proverbe :

> Le secret d'ennuyer est celui de tout dire.
> (*Discours* VI, vers 172.)

Trois sortes de descriptions.
Prosopographie.

On distingue trois sortes principales de description : la **prosopographie**, l'**éthopée** et la **topographie**.

La **prosopographie** est une espèce de description qui a pour objet de peindre l'*extérieur* des corps, l'*air* et le *maintien* des personnes, *Ex*. Le début du portrait d'**Alexandre le Grand**, dans l'abbé Barthélemy (*Voyage d'Anacharsis* 2ᵉ partie, chap. LXXXII). — On peut y ajouter la description des animaux et de leurs différentes espèces. *Ex.* celle du **cheval** dans le *Livre de Job*, dans les *Géorgiques* de Virgile, dans Buffon, etc.

Éthopée.

L'**éthopée** est une variété de la description, plus commune aux historiens qu'aux poëtes, dans laquelle on peint plutôt les *mœurs*, le *caractère*, les *sentiments*, les *passions* bonnes ou mauvaises, et même la tournure d'esprit d'un personnage. *Ex.* le portrait de **M. le Prince** ou du grand **Condé**, celui de **Turenne** dans les *Mémoires* du cardinal de Retz.

La **topographie** est la description des *lieux*. *Ex.* la topographie de **Jérusalem**, la campagne de **Rome**, la description de la **Judée** dans Châteaubriand (*Itinéraire de Paris à Jérusalem*). On peut en trouver d'excellents modèles dans les nombreux récits de voyages du *Tour du monde*.

Topographie.

L'**histoire** est quelquefois *descriptive* comme le roman quand elle en emprunte le caractère. *Ex.* les *Girondins* de Lamartine.

La **critique d'art** l'est aussi par nature et par nécessité, car on ne peut faire connaître un tableau ou une statue autrement que par une description. Dans ce cas, l'imagination et la sensibilité de l'écrivain doivent pour ainsi dire les mettre devant les yeux du lecteur et lui communiquer l'enthousiasme et l'admiration. *Ex.* chez les Allemands, les travaux de **Lessing**, de **Winckelmann**, etc., — en France, ceux de Théophile **Gautier**, de Paul de **Saint-Victor**, etc.

La description dans l'histoire et la critique d'art.

Chez les **Grecs**, le roman fut élégant, gracieux et quelquefois lascif; il prit une teinte philosophique avec Lucien. Excepté le roman de **Longus** (*Daphnis et Chloé*), celui d'**Héliodore** (*Amours de Théagène et Chariclée*), ce peuple si artiste n'a laissé en ce genre aucune œuvre qui vaille la peine d'être remarquée. Le véritable roman grec est tout entier dans la **création de la mythologie**, de ses divinités charmantes ou terribles, dont la vie n'est qu'un tissu d'aventures merveilleuses. Il est aussi dans le poëme de l'**Odyssée**, qui renferme la peinture des types les plus éclatants sortis de l'imagination d'un peuple.

Le roman chez les Grecs.

LONGUS, HÉLIODORE.

Chez les **Romains**, peuple essentiellement pratique et ennemi de la rêverie, le roman n'eut guère d'accès dans leurs mœurs pures et même austères, ou corrompues jusqu'à la brutalité. La mythologie si riante des Grecs devint chez eux une religion grave et formaliste qui ne se prêta guère à l'embellissement de ses légendes. Ils n'eurent le goût du roman que par imitation des Grecs. *Ex.* le *Satyricon* de **Pétrone**;—l'*Ane d'or* d'**Apulée**.

Chez les Romains.

PÉTRONE, APULÉE, etc.

En France au moyen âge.

Le roman, à peu près inconnu chez les Grecs et les Romains, à cause du rôle effacé de la femme dans les sociétés antiques, se développe en France au moyen âge, à mesure que la femme, quoique encore tenue en tutelle, occupe une place de plus en plus importante.

TROUBADOURS, TROUVÈRES, etc.

Les romanciers de cette époque ont été quelquefois bien inspirés. Les premiers chants de nos **Troubadours** et de nos **Trouvères** ne furent souvent que des romans où ils retracèrent les grands faits d'armes des chevaliers et les amours des châtelaines. Les romanciers des douzième, treizième et quinzième siècles accommodent la fiction à leur milieu politique et religieux; leurs romans allégoriques et satiriques en vers ou en prose sont une peinture de toutes les classes de la société d'alors. *Ex.* Les romans de *la Table Ronde*, le roman de *la Rose*, celui du *Renart*, etc.

Chez les modernes.

Dans notre **société moderne**, le rôle de la femme a changé avec les mœurs. Son importance a augmenté, et son influence, bonne ou mauvaise, est considérable. Le roman s'en est ressenti; aussi, avec le théâtre sous toutes ses formes, ce genre, de tout temps adoré dans notre pays et immortalisé par des chefs-d'œuvre, est-il devenu aujourd'hui la forme de littérature la plus populaire et la plus goûtée. *Ex.* l'œuvre irrégulière, mais vivante de **Rabelais** au seizième siècle; — les romans de Mme **de la Fayette** au dix-septième; — ceux de **Diderot**, de **Voltaire**, le *Gil Blas* de **Lesage**, *Manon Lescaut* de l'abbé **Prévost** au dix-huitième; — au dix-neuvième les romans de **Châteaubriand**, de Mme de **Staël**, de George **Sand**, des deux Alexandre **Dumas** A. de **Vigny**, **Mérimée**, Edmond **About**, Ferdinand **Fabre**, la *Comédie humaine* d'Honoré **de Balzac** et les romans innombrables dans tous les genres qui charment ou amusent les lecteurs de nos jours.

RABELAIS, MADAME DE LA FAYETTE, VOLTAIRE, G. SAND, A. DUMAS, H. DE BALZAC. etc.

5° GENRE ÉPISTOLAIRE.

Genre épistolaire.

On comprend sous ce terme les diverses *lettres missives* (en latin *epistola*, en grec ἐπιστολή, envoi, message qui sont écrites par une personne à une autre, et ont le plus souvent pour sujet des événements de la vie réelle.

PROSE. — GENRE ÉPISTOLAIRE.

La lettre est un *entretien par écrit* entre personnes absentes. Quel que soit son sujet, elle doit autant que possible se rapprocher du *ton de la conversation*, en évitant toutefois les négligences et les incorrections qui échappent souvent à la rapidité de la parole. Elle embrasse tous les sujets, comme la causerie, dont elle doit être une image perfectionnée.

Définition de la lettre. Ses règles.

L'aisance, *l'abandon* et le *naturel* sont les caractères essentiels de toute lettre, même lorsque le sujet en est très-sérieux. « *Je hais le tortillage* », disait Mme de Sévigné. Dans la composition d'une lettre la plume doit « *avoir la bride sur le cou* », selon une de ses expressions ; il faut écrire « *à bride abattue* », comme elle le disait encore d'elle-même.

Ses caractères essentiels.

Le **style** d'une lettre doit être *simple* et *naturel*, *vif* et *rapide*, *sobre* et *facile*. « *Le vrai caractère du style épistolaire*, a dit Joubert, *est l'enjouement et l'urbanité.* » Le style et le ton d'une lettre doivent être appropriés à son sujet et au caractère, à la qualité, à la situation de la personne à laquelle on s'adresse. En un mot, une lettre sera bien faite si l'on y observe les règles de la *convenance*, de la *morale* et du *goût* ; tout est là. On ne peut guère donner de règles plus précises d'un genre dont la règle est de n'en avoir pas d'absolues.

Style épistolaire.

On peut diviser les **lettres** en deux grandes catégories : les lettres **familières** et les lettres **philosophiques**.

Division.

Les **lettres familières** roulent sur les sujets dont il peut être question dans l'usage ordinaire de la vie : lettres d'*affaires privées* ou de *famille*, lettres d'*affaires publiques*, lettres de *demande*, de *recommandation*, de *remercîment*, de *condoléance*, de *félicitation*, de *compliment*, lettres d'*excuses*, de *réclamation*, etc. On trouvera des modèles de ces différents genres dans les *Correspondances* des auteurs que nous citons plus loin (p. 146).

1° Lettres familières.

Les **lettres philosophiques** traitent particulièrement des points de morale, de politique, d'histoire, ou des questions littéraires, artistiques, scientifiques, etc. *Ex.*: **Agrippa d'Aubigné**, *Lettres de poincts de science* ; — **Fénelon**, *Lettre sur les occupations de l'Académie française*, etc.

2° Lettres philosophiques

BACC. ÈS LETTRES.

Le genre épistolaire échappe à une classification rigoureuse.

Cette division n'a rien de rigoureux et d'absolu, car une lettre *familière* peut parfaitement avoir un caractère philosophique. En un mot, le genre épistolaire admet tous les tons, depuis celui de la plus haute éloquence (*lettre* de Mme de Sévigné *sur la mort de Turenne*) jusqu'au plus enjoué et au plus badin (le début de celle de Voltaire à Rousseau, où il défend les lettres accusées par le philosophe de Genève de causer le malheur du genre humain, 30 août 1755.)

Ce dernier exemple suffit pour nous montrer qu'une lettre, sérieuse pour le fond, peut être présentée sous une forme légère, agressive et polie tout à la fois.

Genre épistolaire chez les Grecs.

Chez les **Grecs**, on ne rencontre aucun recueil épistolaire authentique qui mérite de fixer l'attention. Cela s'explique ; ce que nous appelons la *vie du monde* n'existait guère chez eux ; car la femme, vivant enfermée dans le gynécée, ne pouvait avoir un salon. On voyageait peu, et les relations sociales étaient rares.

Chez les Romains. CICÉRON, SÉNÈQUE, PLINE le jeune.

Les **Romains** sont plus riches dans le genre épistolaire. Les lettres de **Cicéron** et de plusieurs de ses amis (1er siècle av. J.-C.), — celles de **Sénèque**, de **Pline** le jeune (1er siècle de l'ère chrétienne) ; de **Fronton**, au IIe, de **Symmaque** au IVe, et enfin celles des plus illustres **Pères de l'Église**, nous en offrent des modèles, dont l'importance et l'intérêt varient avec le talent des écrivains.

En France.

C'est en **France**, chez les modernes, que le genre épistolaire a jeté le plus vif éclat. Bien tourner une lettre est un talent naturel, qui fait partie de l'esprit français. Son caractère expansif, sa vanité même le prédestinaient à réussir en ce genre. Les femmes devaient surtout y apporter un charme incomparable, et fournir à la littérature des chefs-d'œuvre, à l'histoire des documents importants. Il suffit de rappeler les

VOITURE, BALZAC, Mme DE SÉVIGNÉ, VOLTAIRE, etc.

noms de **Voiture**, de **Balzac**, surnommé de son temps le *grand épistolier* de France, de Mme de **Sévigné**, de Mme de **Maintenon** au dix-septième siècle, et de **Voltaire** au dix-huitième. **Joubert, Joseph de Maistre, P.-L. Courier, Victor Jacquemont, Eugénie de Guérin, X. Doudan**, etc., au dix-neuvième siècle, ont laissé des correspondances diversement appréciées, mais toutes de quelque valeur.

APPENDICE.

GENRE MIXTE.

On donne le nom de **genre mixte** à des ouvrages où l'on rencontre le *mélange* de la prose et des vers ; ils se rapportent aux genres *satirique, didactique, épistolaire* et même *dramatique*. *Ex.* chez les Romains, le *Satyricon* de **Pétrone**, — la *Consolation* de **Boëce**, etc.

Genre mixte chez les Romains.

On rencontre aussi le mélange de la prose et des vers dans quelques œuvres célèbres de notre littérature. *Ex.* la *Satire Ménippée*, — le *Voyage* de **Chapelle** et **Bachaumont**, — quelques *lettres* de **La Fontaine**, entre autres le *Récit de son voyage en Limousin*, — le *Temple du Goût* par **Voltaire**, etc.

En France.

La prose a quelquefois été appliquée, chez les modernes, à des genres où les anciens n'admettaient généralement que la poésie. (*Ex.* dans l'**épopée**, le *Télémaque* de **Fénelon**, *les Martyrs* de **Chateaubriand**). On l'a essayée dans la **tragédie**, mais après les tentatives infructueuses de La Serre, Lamothe et l'abbé d'Aubignac, elle semble désormais abandonnée. On l'emploie seulement dans le drame (*Ex.* les drames en prose de V. **Hugo**) et dans ces tragédies populaires appelées chez nous *mélodrames*, qui mettent en scène des personnages trop vulgaires, ou des événements trop rapprochés de la vie réelle pour être racontés en vers.

La prose dans l'Épopée et la Tragédie.

Seule la **comédie** en prose a conquis son droit de bourgeoisie littéraire ; elle a pour elle l'autorité du succès et celle de l'*usage qui fait loi*, suivant l'expression d'Horace. *Ex. Georges Dandin*, — *l'Avare* de **Molière**; — *Turcaret* de **Lesage**; — le théâtre d'Alexandre **Dumas** père et fils ; celui d'Octave **Feuillet**, de Théodore **Barrière**, de **Labiche** ; quelques-unes des comédies d'Émile **Augier**, de Jules **Sandeau** et d'une foule d'écrivains qui, à des degrés divers, ont leur place marquée dans l'histoire dramatique du dix-neuvième siècle.

La Comédie en prose.

Molière, Lesage, Dumas, etc.

Différents genres de composition en prose.

RÉSUMÉ SYNOPTIQUE.

1º Oratoire.	2º Historique.	3º Didactique, etc.	4º Romanesque.
Éloquence	**Différentes espèces d'histoire :**	**Traités didactiques** proprement dits.	**Roman** proprement dit :
1º **Politique :** générale, particulière, Discussion des lois, etc.	1º narrative, critique, philosophique.	**Traités :** 1º religieux, 2º philosophiques, 3º littéraires, 4º artistiques, 5º scientifiques.	1º fictif. 2º historique, 3º maritime, 4º philosophique, 5º de mœurs, 6º intime.
2º **Militaire :** Proclamations, Harangues, Bulletins.	2º universelle, générale, particulière.	**Dialogue philosophique.**	**Conte :** 1º moral, 2º allégorique, 3º philosophique.
3º **Judiciaire :** Réquisitoires, Plaidoyers, Mémoires, etc.	3º 1º Sacrée : sainte, ecclésiastique.	**Œuvres variées des :** 1º philosophes, 2º savants, 3º publicistes, 4º économistes, 5º moralistes, 6º critiques.	**Nouvelle.**
4º **Sacrée :** Sermon, Panégyrique, Oraison funèbre, etc.	2º Profane : ancienne, du moyen âge, moderne.		**Procédé descriptif :** Prosopographie, Éthopée, Topographie.
5º **Académique :** Disc. de réception, Eloge historique, Rapport littéraire, Compliments, Mémoires sur les lettres, les arts, Discours funèbres.	**Formes de l'histoire :** Annales ou chroniques, Mémoires, Biographie, Histoire et Critique littéraire, Bibliographie.	**5º Genre épistolaire.** LETTRES : 1º familières, 2º philosophiques. APPENDICE. **Genre mixte.** Œuvres mêlées de prose et de vers.	

Bibliographie. Outre les traités anciens et modernes que nous avons cités dans l'histoire abrégée de la rhétorique (p. 5 et 6), nous indiquerons aussi les ouvrages suivants :

Cf. CHATEAUBRIAND : Preface des *Martyrs* ;—P. ALBERT : *La Prose*, in-12, 1874, 2ᵉ édit.; — D. ORDINAIRE : *Rhétorique nouvelle*, in-18 (s. d.) p. 1-192, etc.

INDEX

ALPHABÉTIQUE ET ANALYTIQUE.

A

ACADÉMIQUE (éloquence), 124.
ACCENT TONIQUE, 68.
ACTION ORATOIRE, son importance chez les anciens, sa différence chez les anciens et chez les modernes, sa nécessité, 49, — son résumé synoptique, 59.
ALCÉE, poëte lyrique grec, 90.
ALEMBERT (d'), auteur français d'éloges académiques, 126.
ALEXIS, poëte de la comédie grecque moyenne, 101.
ALLÉGORIE (figure de rhétorique) 44, — id. (exercice de rhétorique), 55.
ALLIANCES DE MOTS, 30.
ALLUSION, 33.
AMBIGUÏTÉ DES MOTS ou équivoques, 21.
AMPLIFICATION ORATOIRE, 19.
ANACOLUTHE, 41.
ANALYSE LITTÉRAIRE, 58.
ANDRONICUS (Livius), poëte tragique et comique latin, 101.
ANECDOTE, 52.
ANNALES (forme de l'histoire), 132.
ANTÉCÉDENTS ET CONSÉQUENTS, 12.
ANTIPHANE, poëte de la comédie grecque moyenne, 101.
ANTIPHRASE, 46.
ANTITHÈSE, 32.
ANTONOMASE, 46.
APOCOPE, 40.
APOLOGUE, 55.
APOSTROPHE, 37.

APPOSITION, 43.
APULÉE, romancier latin, 143.
ARATUS, poëte didactique grec, 105.
ARCHAÏSMES, 24.
ARGUMENTS OU PREUVES, arguments proprement dits, 8, — argument personnel, 10.
ARISTOPHANE (l'allégorie dans), 55, — id., poëte de la comédie grecque ancienne, 101.
ART POÉTIQUE, sa définition, 66.
ASTÉISME, 39.
AUBIGNÉ (Agrippa d'), considéré comme poëte didactique français, 106.
AUGIER (Emile), poëte comique français, 103.
AUGUSTE, empereur romain, auteur d'oraisons funèbres, 124.
AUSONE, poëte pastoral latin, 112.
AUTEURS DIDACTIQUES, (diverses sortes d'), 136, — id , d'œuvres variées, 137.
AUTRAN (Joseph), poëte pastoral français, 113.

B

BABRIUS, fabuliste grec, 107.
BADINE (ode), 78.
BALLADE, 86, id. — chez les modernes; double ballade, 87.
BALLET, 98.
BALZAC (Guez de), épistolographe français, 146.

BAC. ÈS LETTRES.   I. — 10

BALZAC (H. de), romancier français, 144.
BARTAS (du), poëte didactique français, 106.
BEAUMARCHAIS, auteur comique français, 103, — orateur judiciaire, 121.
BELLEAU (Remy), poëte pastoral français, 112.
BERNARDIN DE SAINT-PIERRE, auteur français d'ouvrages descriptifs, 141.
BIBLIOGRAPHIE de la rhétorique, 59, — id., des genres de poésie, 115, — id., des genres en prose, 148, id., (forme de critique littéraire), 134.
BIENSÉANCES, 15.
BIENVEILLANCE (qualité de l'orateur et de l'écrivain), 14.
BIOGRAPHIE (forme de l'histoire), 132.
BION, poëte pastoral grec, 112.
BOILEAU, ses préceptes sur la poésie épique, 91, — id., poëte didactique, 106, — id., poëte satirique. 108.
BOISGELIN, poëte didactique français, 107.
BONAPARTE, orateur militaire, 121.
BOSSUET, orateur sacré français, 122.
BOURDALOUE, orateur sacré français, 122.
BUFFON, auteur français de discours académiques, 126.

C

CALLIMAQUE, poëte pastoral grec, 112.
CALPURNIUS, poëte pastoral latin, 112.
CANTATE, 78.
CASTEL, poëte didactique français, 107.
CATACHRÈSE, 45.
CATULLE, poëte lyrique latin, 90.
CAUSE ET EFFET, 12.
CAUSES (trois genres de), 7.
CERCLE VICIEUX, 20.
CÉSAR (Jules), auteur d'oraisons funèbres, 124.
CÉSURE, son étymologie, 67, — id., sa définition, 71.
CHANSON, ses principales espèces, 81.
CHATEAUBRIAND, prosateur poétique, 66, — id., auteur français d'ouvrages descriptifs, 141.
CHÉNIER (André), considéré comme poëte pastoral français, 113.
CHÉNIER (Marie-Joseph), poëte tragique français, 102.

CHOSES qui répugnent entre elles, 12.
CHRONIQUES (forme de l'histoire), 132.
CICÉRON, orateur judiciaire, latin, 121, — id. auteur d'éloges funèbres, 126, — id., épistolographe, 146.
CIRCONSTANCES, 12.
CLARTÉ du style, 23.
COMÉDIE, son but, 98, — son style, ses règles, ses trois espèces, 99, — son origine chez les Grecs; comédie ancienne, moyenne et nouvelle, 101, — id., en France au moyen âge, 102, id., aux XVIIe, XVIIIe et XIXe siècles, 103, — comédie en prose, 147.
COMPARAISON (lieu commun), 11, — id. (figure de pensée), 35.
COMPOSITION (genres de) en prose, leurs caractères, 119, — id. en vers, leurs caractères, 74.
CONCESSION, 34.
CONCISION (du style), 24.
CONDITIONS D'UNE ŒUVRE LITTÉRAIRE, 64.
CONFIRMATION, 19.
CONJONCTION, 42.
CONSTRUCTION (figures de), 40, 41-43.
CONTE (variété de fable), 108, — id. (variété de roman), 140.
CONTRACTION, 41.
CONTRAIRES, 11.
CORNEILLE, poëte tragique français, 102.
CORRECTION (du style), 24, — id. (figure de pensée), 34.
COUPÉ (style), 27.
COUPLETS, 72.
COUSIN, auteur de discours académiques, 125.
CRASE, 40.
CRATINUS, poëte comique grec, 101.
CRÉBILLON, poëte tragique français, 102.
CRITIQUE (Histoire), 130, — id. littéraire, ancienne et moderne 133, — ses nombreuses formes, 134.
CRITIQUES (auteurs de traités didactiques), 138.
CROISÉES (rimes), 72.
CURIOSITÉS POÉTIQUES, 114.

D

DAVID, poëte lyrique hébreu, 90.
DÉDUCTION, 10.

INDEX ALPHABÉTIQUE ET ANALYTIQUE.

DÉFINITION, 11.
DELAVIGNE (Casimir), poëte tragique français, 102.
DELILLE, poëte didactique et descriptif français, 106.
DÉMOSTHÈNE, orateur judiciaire, 121, — *id.* auteur d'éloges funèbres, 126.
DESCRIPTIF (poëme), 104, — *id.* (procédé), son historique dans la littérature française, 141, — *id.* son abus, 142.
DESCRIPTION (figure de pensée), 35.
DESCRIPTION (exercice de rhétorique), 52, — ses différentes espèces, ses qualités et son but, 53.
DESHOULIÈRES (Mme), poëte pastoral français, 113.
DIALOGUE (exercice de rhétorique), 57, — *id.* (condition essentielle du genre dramatique), 96, — *id*, philosophique, 137.
DIDACTIQUE proprement dit (genre), 134, — son objet, ses qualités ; division des ouvrages didactiques, 135.
DIDACTIQUE ET PHILOSOPHIQUE (genre), 103, 134.
DIDACTIQUE (poëme), 103, — *id.* ses diverses formes, — *id.* (tableau), ses conditions, sa valeur poétique, 104.
DIDACTIQUE (poésie), son objet, ses caractères, 103, — *id.* chez les Grecs, chez les Romains, en France 105, — *id.* au moyen âge, aux XVIe, XVIIe et XVIIe siècles, 106, — *id.* au XIXe siècle, sous l'Empire et la Restauration, 107.
DIÉRÈSE, 41.
DILEMME, 9.
DIORNOS, poëte pastoral grec, 112.
DISCOURS (sept parties dans le), 17, — *id.* politique, militaire, judiciaire, académique, religieux, 54, — discours funèbres, 127.
DISCOURS DE RÉCEPTION, 125.
DISJONCTION, 42.
DISPOSITION, sa définition, 16, — son résumé synoptique, 22.
DISSEMBLANCE, 11.
DISSERTATION, 58.
DISTIQUE, 67.
DIVISION (dans le discours), 17, — *id.* (ancienne) du style, 29.
DORAT, poëte pastoral français, 113.
DRAMATIQUE (poëme), ses éléments et ses trois parties, 95, — *id.*, sa division, 96.
DRAMATIQUE (poésie), sa définition, son triple genre, 95, — *id.* ses formes différentes, leur tableau, 96, — *id.* son histoire, chez les Grecs, 100, — *id.* à Rome, 101, — *id.* en France, 102, 103.
DRAME, ses différentes espèces, 97.
DUBITATION, 38.
DUMAS (Alexandre), père, auteur français de drames, 102, 103, — *id.*, romancier, 144.
DUMAS (Alexandre), fils, auteur comique français, 103, — *id.* romancier, 144.

E

ECCLÉSIASTIQUE (Histoire), 131.
ÉCONOMISTES, 138.
ÉCRIVAIN (qualités de l'), 13.
ÉCRIVAINS (classification des), 64.
ÉGLOGUE, ses règles, 111.
ÉLÉGIE, son étymologie, son origin chez les Grecs, sa transformation, 79.
ÉLISION, son étymologie, 67, — *id.* sa définition, 71.
ELLIPSE, 41.
ÉLOCUTION, sa définition, 23, — *id* son résumé synoptique, 48.
ÉLOGE (exercice de rhétorique), 54, — *id.* (variété de discours académique), chez les Grecs et les Romains, chez les modernes, 126.
ÉLOQUENCE (l') chez les anciens, 4, — éloquence politique, 119, — éloquence militaire, 120, — éloquence judiciaire, 121, — éloquence sacrée 122, 123, — éloquence académique, 124, 125.
EMPÉDOCLE, poëte didactique grec 105.
ENALLAGE, 42.
ENJAMBEMENT, 73.
ENNIUS, poëte tragique et comique latin, 101.
ENTHOUSIASME (condition de la poési), 65.
ENTHYMÈME, 9.
ÉNUMÉRATION DES PARTIES, 11.
ENVOI, dans la ballade, 86, — *id.* dans le chant royal, 87.

ÉPICHARME, poète de la comédie grecque ancienne, 101.
ÉPICHÉRÈME, 9.
ÉPIGRAMME, sa forme primitive, 109.
ÉPIPHONÈME, 38.
ÉPIQUE (genre), 90.
ÉPIQUE (poëme), 90-93, tableau des principaux poëmes épiques, 94.
ÉPIQUE (poésie), sa définition, son sujet, 90, — id., son importance ; critique des règles des rhéteurs ; règles de bon sens et de goût ; préceptes d'Horace et de Boileau, 91, — id., chez les anciens, en France au moyen âge, 93, — id., chez les modernes, 94.
ÉPISTOLAIRE (genre), 144, — id., sa définition, ses règles, ses caractères, 145, —id., chez les Grecs et les Romains, en France, 146.
ÉPISTOLAIRE (style), sa division, 145.
ÉPITAPHE, 110.
ÉPITHALAME, 80.
ÉPITHÈTES, 30.
ÉPITRE, 108.
ÉPOPÉE, ses caractères, ses éléments, 92, — ses conditions, ses variétés, 93, — épopée moderne, en France ; tableau synoptique des principales épopées, 94.
ÉPOPÉE en prose, 147.
ÉQUIVALENTS, 30.
ÉQUIVOQUE OU AMBIGUITÉ DES MOTS, 21.
ERREUR SUR LA CAUSE, 21.
ESCHYLE (l'allégorie dans), 55, — id., poëte tragique grec, 101.
ESMÉNARD, poëte didactique franç., 107.
ÉSOPE, fabuliste grec, 107.
ESPRIT, sa définition, 64.
ETHOPÉE, 35, 52, 142.
EUPHÉMISME, 46.
EURIPIDE, poëte tragique grec, 101.
EXCLAMATION, 37.
EXEMPLE, 9.
EXERCICES (principaux) de rhétorique, 51, — leur résumé synoptique, 59.
EXORDE, 17.
EXTRINSÈQUES (lieux communs), 10, 12.

F

FABLE, sa définition, ses caractères, 107, — ses éléments, 108.

FAITS ACCIDENTELS (erreur des), 21.
FAMILIÈRES (lettres), 145.
FARCE, 100.
FÉERIE, 100.
FÉMININE (rime), 71.
FÉNELON, prosateur poétique, 66, — id. orateur sacré, 122, — id. auteur de discours académiques, 125, 126.
FEUILLET (Octave), auteur français de comédies, 103.
FICTIF (roman), 140.
FIGURES, leur utilité ; causes de leur discrédit ; deux espèces de figures : 1° de pensée, 2° de mots, leur définition, 31, — critique de leur classification, 32 ; — principales figures de rhétorique (discours de Marmontel, 47.
FIGURES DE PENSÉES, 32-39, — id. de raisonnement, 32-34, — id. d'imagination, 32, 34-36, — id. de passion, 32, 36-39.
FIGURES DE MOTS, 40-46, — id. de grammaire, 40, 41, — id. de construction, 40, 41-43, —id. de sens ou tropes, 40, 43-46.
FIGURÉ (style), 31.
FLORIAN, poëte pastoral français, 113.
FONTANES, poëte didactique franç., 107.
FONTENELLE, poëte pastoral français, 113, — id. auteur d'éloges académiques, 126.
FOX, orateur politique anglais, 120.

G

GAUTIER DE METZ, poëte didactique français, 106.
GÉNÉRALE (Histoire), 131.
GÉNIE, sa définition, 64.
GENRE ET ESPÈCE (lieu commun intrinsèque), 11.
GENRE lyrique, 75, — id. épique, 90, — id. dramatique, 95, — id. didactique et philosophique, 103, 134, — id. pastoral, 110, — id. oratoire, 119, — id. historique, 128, — id. romanesque, 139. — id. épistolaire, 144, —id. mixte, 147.
GENRES DE STYLE (trois), 28.
GENRES EN PROSE, critique des anciennes classifications, nouvelle division en cinq genres, 119, — id. leur résumé synoptique, 148.

GENRES LITTÉRAIRES, (étude des), 63,
— leur définition, 74.
GENRES POÉTIQUES, 74, — *id.* critique de leurs anciennes classifications, nouvelle division en cinq genres, 75, — *id.*, leur résumé synoptique, 115.
GENTIL-BERNARD, poëte pastoral français, 113.
GESTE, 50.
GOUT, sa définition, 64.
GRADATION, 43.
GRAMMAIRE (figures de), 40, 41.
GUDIN, poëte didactique français, 107.
GUIZOT, auteur français de discours académiques, 125.

H

HARANGUES, 127.
HARMONIE, 25, — *id.* des mots, des phrases, 26, — *id.* imitative, 27.
HÉLIODORE, romancier grec, 143.
HÉMISTICHE, 71.
HENRI IV, orateur militaire, 120.
HÉROÏQUE (Ode), 76.
HÉSIODE, poëte didactique grec, 105.
HEXAMÈTRE, 67.
HIATUS, 73.
HISTOIRE ABRÉGÉE DE LA RHÉTORIQUE (tableau de l') : 1° chez les Grecs et les Romains, 2° en France, 5, 6.
HISTOIRE, chez les anciens et les modernes, 128, — sources de l'histoire, 129, — ses différentes espèces, 130, 131, — ses formes, 132, 133.
HISTOIRE LITTÉRAIRE, 133.
HISTOIRE DE LA PHILOSOPHIE (partie de la philosophie), 136.
HISTORIEN (qualités, talents et connaissances nécessaires à l'), 129, 130.
HISTORIOGRAPHE ET HISTORIEN, leur différence, 129.
HISTORIQUE (genre), son objet et son but, 128.
HISTORIQUE (roman), 140.
HOMÉLIE, 123.
HOMÈRE, poëte épique grec, 93.
HORACE, poëte lyrique latin, 90, — *id.* ses préceptes sur la poésie épique, 91, — *id.*, poëte didactique, 105, — *id.*, poëte satirique, 108.
HUGO (Victor), auteur français de drames, 102.

HYPALLAGE, 42.
HYPERBATE, 41.
HYPERBOLE, 39.
HYPOTYPOSE, 35.

I

IAMBIQUE (vers), 68.
IDYLLE, ses règles, 110.
IGNORANCE DU SUJET, 20.
IMAGINATION (figures d'), 32, 34-36, — *id.* (faculté de concevoir, d'inventer), 64.
IMPRÉCATION, 37.
INCISES, 27.
INDUCTION, 10.
INSCRIPTION, 110.
INSPIRATION (Condition de la poésie), 65.
INTERROGATION, 36.
INTIME (roman), 140.
INTRIGUE (comédie d'), 99.
INTRINSÈQUES (lieux communs), 10-12.
INVENTION : sa définition et sa division, 8, — *id.* son résumé synoptique, 16.
IRONIE, 38.
ISOCRATE, auteur grec d'éloges funèbres, 126.

J

JODELLE, poëte tragique français, 102.
JUDICIAIRE (éloquence), 121.

L

LA BRUYÈRE, auteur français de discours académiques, 125, 126.
LA FAYETTE (Mme de), romancier français, 144.
LA FONTAINE, fabuliste français, 107.
LAI, 81.
LANGUE POÉTIQUE, 65, — *id.* ses caractères, 66.
LARMOYANT (drame), 97.
LA ROCHEFOUCAULD, auteur français de mémoires, 132.
LA ROCHEJACQUELIN, orateur militaire, 120.
LESAGE, auteur français de comédies 103, 147.
LETTRE, ses principales qualités, 56, — *id.* sa définition, ses règles, ses caractères, sa division, 145.

L'Hospital, orateur français judiciaire, 121.
Licences poétiques, 73.
Lieux communs : 1° intrinsèques, 10 ; — 2° extrinsèques, 12 ; — leur utilité, 13.
Linus, poëte lyrique grec, 90.
Litote, 39.
Littérature, sa définition et sa division, 63.
Logique (partie de la philosophie), 136.
Longus, romancier grec, 143.
Lucain, poëte épique latin, 93.
Lucrèce, poëte didactique latin, 105.
Lyrique (genre), 75.
Lyrique (poésie), sa définition, 75, — id., ses conditions, son caractère, son but ; strophes les plus propres à son expression, 76, — id. ses autres genres, 78, — id. chez les Hébreux, 89, — id. chez les Grecs et les Romains, chez les modernes (du XVIe au XIXe siècle), 90.
Lyriques (tableau des petits poëmes), 78.

M

Madrigal, 80.
Manilius, poëte didactique latin, 105.
Marchangy, prosateur poétique français, 66.
Maritime (roman), 140.
Marivaux, auteur comique français, 103.
Marmontel, son discours sur les principales figures de rhétorique, 47, — id. prosateur poétique français, 66.
Masculine (rime), 71.
Massillon, orateur sacré français, 122.
Mélées (rimes), 72.
Mélodrame, 98.
Mémoire, partie de l'action oratoire, 50.
Mémoires (dissertation académique), 127, — id. (forme de l'histoire), 132.
Ménandre, poëte de la comédie grecque nouvelle, 101.
Mérimée, romancier français, 141.
Merveilleux païen, id., chrétien, 92.
Mesure des vers, 69.
Métalepse, 46.
Métaphores, 43, — différence entre la métaphore et la comparaison, 44.

Métaphysique (partie de la philosophie), 136.
Métonymies, 45.
Militaire (éloquence), 120.
Mimodrame, 98.
Mixte (genre) chez les Romains, en France, 147.
Modestie (qualité de l'orateur et de l'écrivain), 13.
Mœurs, 13, — id. 1° réelles, 2° oratoires, 14, — id. (comédie de), 99, — id. (roman de), 140.
Moïse, poëte lyrique hébreu, 89.
Molière, poëte comique français, 103.
Monologue, sa définition, 96.
Morale (ode), 78, — id. (partie de la philosophie), 136.
Moralistes, 138.
Moschus, poëte pastoral grec, 112.
Mots (figures de), leur tableau, 40.
Motteville (Mme de), auteur français de mémoires, 132.

N

Nævius, poëte tragique et comique latin, 101.
Narration : oratoire, historique, poétique, 18, — id., ses règles, ses trois parties essentielles et ses qualités, 51, 52.
Narrative (Histoire), 130.
Naturel (style), 25.
Némésien, poëte didactique latin, 105, — id. poëte pastoral, 112.
Néologismes, 30.
Noblesse du style, 25.
Nouvelle (variété de roman), 141.

O

Obsécration, 37.
Ode, sa définition, ses six espèces, 76.
Odelette, 78.
Opéra, 98.
Opéra comique, 100.
Opérette, 100.
Optation, 38.
Oraison funèbre, 123, — id. chez les anciens et les modernes, 124.
Orateur (qualités de l'), 13.
Oratoire (genre), 119.

ORPHÉE, poëte lyrique grec, 90.
OVIDE, poëte lyrique latin, 90.

P

PANÉGYRIQUE, 123.
PARABOLE, 44, 55.
PARAGOGE, 40.
PARALLÈLE (figure de pensée), 35, — id. (exercice de rhétorique), 53, — id. ses différentes espèces, 54.
PARALOGISMES, 20.
PARMÉNIDE, poëte didactique grec 105.
PARODIE, 100.
PARTICULIÈRE (Histoire), 131.
PASQUIER (Étienne), orateur judiciaire français, 121.
PASSIONS ORATOIRES, leurs règles, 15, — figures de passion, 32, 36-39.
PASTORAL (genre), 110.
PASTORALE (poésie), ses caractères, sa double forme, 110, — id. son origine, son histoire chez les Grecs et les Romains, en France, 112, 113.
PATRU, orateur judiciaire français, 121.
PENSÉE (figures de), leur tableau, 32.
PENTAMÈTRE, 67.
PÈRES DE L'ÉGLISE GRECQUE ET LATINE, orateurs sacrés, 122, 123.
PÉRICLÈS, auteur grec d'oraisons funèbres, 124.
PÉRIODE, (membres de la), 26, 27.
PÉRIODIQUE (style), 27.
PÉRIPHRASE, 36.
PÉRORAISON, 21.
PÉTITION DE PRINCIPE, 20.
PÉTRARQUE, poëte italien, auteur de sonnets, 89.
PÉTRONE, romancier latin, 143.
PHÈDRE, fabuliste latin, 107.
PHILÉMON, poëte de la comédie grecque nouvelle, 101.
PHILOSOPHES, auteurs didactiques, 136, — tableau des principaux philosophes anciens et modernes, 137.
PHILOSOPHIE, sa division, 136.
PHILOSOPHIQUE ET DIDACTIQUE (genre), 103, 134.
PHILOSOPHIQUE (Histoire), 131.
PHILOSOPHIQUE ET DIDACTIQUE (poëme), 103.
PHILOSOPHIQUE (poésie), ses diverses formes, 107.

PHILOSOPHIQUE (roman), 140.
PHILOSOPHIQUES (lettres), 145.
PHYSIONOMIE dans l'action oratoire, 50.
PIEDS (principaux) dans la versification, 67.
PINDARE, poëte lyrique grec, 90.
PITT, orateur politique anglais, 120.
PLATES (rimes), 72.
PLAUTE, poëte comique latin, 102.
PLÉIADE, réunion de sept poëtes lyriques français au XVIe siècle, 90.
PLÉONASME, 42.
PLINE le jeune, épistolographe, 146.
PLUTARQUE, auteur de biographies, 123.
POEMES A FORMES LIBRE, 79, — id. à forme fixe, 81.
POEMES LYRIQUES (tableau des), 78.
POÉSIE, son origine, 63, — id., sa définition, ses conditions, ses caractères, 65.
POÉTIQUE (langue), 65, — id., ses caractères, 66.
POLITIQUE (éloquence), 119.
POLYGRAPHE, sa définition, 135.
PONSARD, poëte tragique français, 102.
PORTRAIT (figure de pensée), 35, — id. (exercice de rhétorique), 53.
PRÉCISION du style, 24.
PRÉTÉRITION, 34.
PREUVES OU ARGUMENTS, 8, — id. leur ordre, 19.
PROBITÉ (qualité de l'orateur et de l'écrivain), 13.
PROFANE (Histoire), 132.
PROLEPSE, 34.
PRONE, 123.
PROPERCE, poëte lyrique latin, 90.
PROPOSITION, 17.
PROPRIÉTÉ du style, 24.
PROSE, son origine, 63, — prose poétique, 66 ; — définition grecque, latine, française de la prose, ses conditions essentielles, 116, — principaux caractères de la prose, ses avantages, 117, — prose scientifique et littéraire ; histoire abrégée de la prose chez les Grecs et les Romains, en France, 118.
PROSODIE française, 68-73, — id. latine, 67, — id., grecque, 68.
PROSOPOGRAPHIE, 35, 52, 142.
PROSOPOPÉE, 34.

PROVERBE (exercice de rhétorique,) 55, *id.* (œuvre du genre dramatique), 100.
PRUDENCE (qualité de l'orateur et de l'écrivain), 14.
PRUDENCE, poëte didactique latin, 105.
PSYCHOLOGIE, (partie de la philosophie), 136.
PUBLICISTES, 138.
PUBLICOLA (Valérius), auteur latin d'oraisons funèbres, 124.
PURETÉ du style, 25.

R

RABELAIS, romancier français, 144.
RACAN, poëte pastoral français, 112.
RACINE, poëte tragique français, 102.
RACINE (Louis), poëte didactique français, 106.
RAISONNEMENT, (figures de), 32-34.
RAPPORT, (exercice de rhétorique) 56, — *id.* (variété de discours académiques), 127.
REDOUBLÉES, (rimes), 72.
RÉFUTATION, 20.
RÉPÉTITION, 42.
RÉSUMÉ SYNOPTIQUE de l'invention, 16, — *id.* de la diposition, 22, — *id.* de l'élocution, 48, — *id.* de l'action oratoire et des exercices de rhétorique, 59, — *id.* de la versification, 74, — *id.* des différents genres de poésie, 115, — *id.* des différents genres de composition en prose, 148.
RÉTICENCE, 33.
RETZ (de), auteur français de mémoires, 132.
REVUE, 100.
RHÉTEURS ET SOPHISTES, 4, 125.
RHÉTORIQUE, sa définition; éloquence et rhétorique, leur différence; son but moral, 3, — *id.*, son origine et sa naissance, ses premiers traités, leur transformation, 4, — *id.* chez les anciens et chez les modernes. 5, 6, — *id.*, sa division en quatre parties, 7, — *id.*, ses principaux exercices, 51, — *id.*, sa bibliographie, 59.
RICHE (rime), 72.
RIME, ses différentes espèces, 71-72.
RIMES (vieilles), 114.
ROLAND (chanson de), poëme épique, 93-94.

ROLAND (Mme), auteur français de mémoires, 132.
RONDEAU; *id.* redoublé, 84.
RONDEL, 83.
RONSARD, auteur français de sonnets, 89, — *id.*, poëte pastoral, 112.
ROSSET, poëte didactique français, 106.
ROTROU, poëte tragique français, 102.
ROUCHER, poëte didactique français, 106.
ROUSSEAU (Jean-Jacques), auteur français d'ouvrages descriptifs, 141.
ROMAN (origine du), son utilité, son domaine et ses éléments, 139, — *id.* ses divers genres; roman proprement dit, 140, — *id.* chez les Grecs, et les Romains, 143, — *id.* en France au moyen âge et chez les modernes, 144.
ROMANESQUE (genre), ses règles générales, 139.
ROMANTIQUE (drame), 97.
ROYAL (chant), 87.

S

SACRÉE (Ode), 76. — *id.* (Éloquence), 122. — *id.*, (Histoire), 131.
SAINTE (Histoire), 131.
SAINT-LAMBERT, poëte didactique français, 106.
SAINT-SIMON, auteur français de mémoires, 132.
SAND (Georges), romancier français, 144.
SANDEAU (Jules), auteur français de comédies, 103.
SAPHO, poëte lyrique grec, 90.
SARCASME, 38.
SARDOU (Victorien), auteur comique français, 103.
SATIRE, son but et ses caractères, 108, — *id.* ses espèces et ses formes diverses, 109.
SATYRIQUE (drame), 97.
SAVANTS, 137.
SAYNÈTE, 100.
SEGRAIS, poëte pastoral français, 112.
SÉNÈQUE, poëte tragique latin, 101. — *id.*, épistolographe, 146.
SENS (figures de) ou tropes, 40, 43-46.
SENSIBILITÉ (condition de la poésie), 65
SERMON, 123.

SÉVIGNÉ (Mme de), épistolographe français, 146.
SHÉRIDAN, orateur politique anglais, 120.
SIMPLE (style), 28.
SONNET régulier, id. irrégulier, 88. — id., son origine et son histoire abrégée, 89.
SOPHISMES, 20.
SOPHISTES et rhéteurs, 4, 125.
SOPHOCLE, poëte tragique grec, 101.
SORITE, 9.
STANCES, 72.
STROPHES, leur définition, 72, — id. propres à la poésie lyrique, 76.
STYLE, sa signification, ses qualités générales, 23, — id., son ancienne division, ses qualités particulières; ses trois genres : simple, tempéré, sublime, 28, — critique de cette ancienne division, 29, — division logique du style, moyens de le varier, 30, — style figuré, 31, — id. épistolaire, sa division, 145.
SUBJECTION, 36.
SUBLIME (style), 28.
SUBLIME (le), ses trois sortes, 28, 29.
SUFFISANTE (rime), 72.
SUSARION, poëte comique grec, 101.
SUSPENSION, 33.
SYLLABES (nature des), 71.
SYLLEPSE, 41.
SYLLOGISME, 8.
SYNCOPE, 40.
SYNECDOQUE, 45.
SYNONYMES, 30.
SYNOPTIQUE (Résumé) de l'invention, 16. — id. de la disposition, 22, — id. de l'élocution, 48, — id. de l'action oratoire et des exercices de rhétorique, 59, — id. de la versification, 74, — id. des différents genres de poésie, 115, — id. des différents genres de composition en prose, 148.
SYNTAXE (liberté de la) au XVIIe siècle, 24.
SYNTHÉTIQUE (tableau) de la rhétorique, 2, — id. de la littérature, 62.

T

TABLEAU (exercice de rhétorique), 53.
TACITE, auteur latin d'éloges funèbres, 126, — id., biographe, 133.
TALENT, sa définition, 64.
TEMPÉRÉ (style), 28.
TEMPS fort, faible (dans la prosodie grecque), 68.
TÉRENCE, poëte comique latin, 102.
THAUN (Philippe de), poëte didactique français, 106.
THÉOCRITE, poëte pastoral grec, 112.
THÉODICÉE (partie de la philosophie), 136.
THESPIS, poëte tragique grec, 101.
THOMAS, auteur français d'éloges académiques, 126.
TIBULLE, poëte lyrique latin, 90.
TIROIR (comédie à), 99.
TMÈSE, 41.
TOPOGRAPHIE, 35, 52, 143.
TRAGÉDIE, son but, son sujet, son style, 97, — id., son origine chez les Grecs, 100, — id., en France du XVIe au XVIIIe siècle, 102, — id. en prose, 147.
TRAGIQUE (genre), 97.
TRANSITIONS, 30.
TRIOLET, son origine, 85.
TROPES (figures de sens), 40, 43-46, — id., leur division, 43.
TROUBADOURS, 144.
TROUVÈRES, 144.
TYRTÉE, poëte lyrique grec, 90.

U

UNITÉS (règle des trois), 95.
UNIVERSELLE (Histoire), 131.

V

VAUDEVILLE, 99.
VAUQUELIN DE LA FRESNAYE, poëte didactique français, 106.
VERS de douze, onze, dix, neuf, huit, sept syllabes, 69, — vers de six, cinq, quatre, trois, deux, une syllabes, 70.
VERSIFICATION, poésie et versification, leur différence, 66, — id., chez les Grecs et les Latins, ses caractères, 67, — versification française, ses principaux points à étudier, 68, — résumé synoptique de la versification, 74.
VIGNY (Alfred de), auteur français de drames, 102, — id., romancier, 144.

VILLANELLE, 88.
VILLEMAIN, auteur français de discours académiques. 125, — *id.*, auteur d'éloges académiques. 127.
VIRELAI, ancien et nouveau, 81, 82.
VIRGILE, poëte latin épique, 93, — *id.*, poëte didactique, 105, — *id.*, poëte pastoral, 112.
VOITURE, épistolographe français, 146.

VOIX dans l'action oratoire, 50.
VOLTAIRE, poëte épique français, 93, — *id.*, poëte tragique, 102, — *id.*, poëte didactique, 106, — *id.*, orateur judiciaire, 121, — *id.*, auteur d'oraisons funèbres, 124, — *id.*, auteur de discours académiques, 125, 126, — *id.*, romancier, 144, — *id.*, épistolographe, 146.

TABLE DES MATIÈRES

RHÉTORIQUE.

Tableau synthétique.. 2

Introduction.. 3

    Définition de la rhétorique ; éloquence et rhétorique, leur différence ; utilité de la rhétorique, son but moral (3). — Origine et naissance de la rhétorique ; l'éloquence chez les anciens ; sophistes et rhéteurs ; premiers traités de rhétorique, leur transformation (4).

Tableau synoptique de l'histoire abrégée de la rhétorique............. 5

Division de la rhétorique (4 parties).................................. 7

  I. Invention.. 8

    1° Arguments : I. Arguments proprement dits (8-10). — II. Lieux communs : 1° intrinsèques, 2° extrinsèques ; utilité des lieux communs (10-13).

    2° Mœurs : I. réelles, II. oratoires ; bienséances....................... 13

    3° Passions, leurs règles... 15
    Résumé synoptique de l'Invention...................................... 16

  II. Disposition... 16
    Parties du discours (17). — Sophismes et paralogismes (20).
    Résumé synoptique de la Disposition................................... 22

  III. Élocution... 23

    Du style, ses qualités générales (23-27). — Ancienne division du style ; qualités particulières du style (28-29). — Division logique du style, moyens de le varier (30).

Des figures... 31

  I. *Figures de pensée* : 1° de raisonnement, 2° d'imagination, 3° de passion (32-39).

  II. *Figures de mots* : 1° de grammaire, 2° de construction, 3° de sens ou tropes (40-47).

  Résumé synoptique de l'Élocution.............................. 48

IV. **Action**... 49

  APPENDICE. Exercices de rhétorique............................. 51
  Résumé synoptique de l'action et des exercices de rhétorique... 59

LITTÉRATURE.

TABLEAU SYNTHÉTIQUE... 62

ÉTUDE DES GENRES LITTÉRAIRES.

INTRODUCTION.. 63

  Définition et division de la littérature ; *poésie* et *prose*, leur origine (63).
  — Conditions d'une œuvre littéraire ; classification des écrivains (64).

I. **Poésie**... 65

  Définition de la poésie, ses conditions essentielles, ses principaux caractères ; langue poétique (65).

  VERSIFICATION : différence de la poésie et de la versification ; art poétique (sa définition) ; prose poétique (66). — *Versification grecque et latine*, leurs caractères, leurs principaux pieds et leurs différentes sortes de vers (67-68). — *Versification française*, principaux points à étudier : *mesure des vers. — nature des syllabes, — césure, — élision, — rime, — licences poétiques, — enjambement, — hiatus* (68-73).

  Résumé synoptique de la versification (74).

DES GENRES DE COMPOSITION EN VERS................................. 74

  Genres poétiques (74). — Critique des anciennes classifications ; nouvelle division en cinq genres (75).

  1° GENRE LYRIQUE... 75

Poésie lyrique, sa définition; son caractère, son but (75-76). — L'*Ode*, ses diverses espèces (76-78). — *Petits poëmes lyriques* à forme libre (79-81). — *Id.* à forme fixe (81-89). — Poésie lyrique chez les Hébreux, chez les Grecs et les Romains, chez les modernes (89-90).

2° GENRE ÉPIQUE 90

Poésie épique, sa définition, son sujet, son importance (90-91). — Critique des règles minutieuses des rhéteurs ; règles de bon sens et de goût ; préceptes d'Horace et de Boileau ; merveilleux païen et chrétien (91-92). — Caractères de l'épopée, ses éléments, ses conditions (92-93). — Variétés de poëme épique (93). — Poésie épique chez les anciens, en France au moyen-âge ; épopée moderne en France ; tableau synoptique des principales épopées (93-94).

3° GENRE DRAMATIQUE 95

Poésie dramatique, sa définition, son triple genre, ses éléments ; règle des trois unités (95). — Formes de la poésie dramatique : *Genre tragique*, ses diverses espèces ; *Genre comique*, ses diverses espèces (96-100). — Histoire de la poésie dramatique chez les Grecs, à Rome, en France (100-103).

4° GENRE DIDACTIQUE ET PHILOSOPHIQUE 103

Poésie didactique, son objet, ses caractères (103). — *Poëme didactique*, ses conditions, sa valeur poétique (104). — *Poëme descriptif* (105). — Poésie didactique chez les Grecs, chez les Romains, en France (105-107). — *Poésie philosophique*, ses diverses formes (107-110).

5° GENRE PASTORAL 110

Poésie pastorale, sa définition, ses caractères ; sa double forme : l'*Idylle* et l'*Eglogue* (110-111). Poésie pastorale primitive, chez les Grecs et les Romains, en France (112-113).

APPENDICE. Curiosités poétiques, leur origine ; vieilles rimes 114

Résumé synoptique des différents genres de poésie 115

II. **Prose** 116

Définition grecque, latine, française de la prose ; ses conditions essentielles (116). — Principaux caractères de la prose, ses avantages (117). — Prose scientifique et littéraire ; abrégé historique de la prose chez les Grecs et les Romains, en France (118).

DES GENRES DE COMPOSITION EN PROSE 119

Genres en prose ; critique des anciennes classifications ; nouvelle division en cinq genres (119) :

1° GENRE ORATOIRE : *Éloquence politique* (119). — *Éloquence militaire* (120). — *Éloquence judiciaire* (121). — *Éloquence sacrée* (122-124). — *Éloquence académique* (124-127).

2° GENRE HISTORIQUE : son objet et son but ; l'histoire chez les anciens et les modernes (128). — Sources de l'histoire ; qualités nécessaires à l'historien (129). — Talent et connaissances nécessaires à l'historien ; différentes espèces d'histoire (130-132). — Formes de l'histoire (132-134).

3° GENRE DIDACTIQUE ET PHILOSOPHIQUE, son objet, ses qualités, sa division (134-135). — Diverses sortes d'auteurs didactiques ; philosophie, sa division (136). — *Philosophes* proprement dits (tableau synoptique des principaux) ; *dialogue philosophique* ; auteurs d'œuvres variées et de traités didactiques (137).

4° GENRE ROMANESQUE, sa définition, ses règles générales ; origine du roman, son utilité, son domaine et ses éléments (139). — Divers genres de romans (140). — *Procédé descriptif*, son historique dans la littérature française, son abus ; diverses sortes de description (141-143). — Le roman chez les Grecs et les Romains, en France (143).

5° GENRE ÉPISTOLAIRE (144). — Définition de la *lettre*, ses règles, ses caractères ; style épistolaire ; division des genres de lettres (145). — Genre épistolaire chez les Grecs et les Romains, en France (146).

APPENDICE. Genre mixte.. 147

Résumé synoptique des différents genres de composition en prose....... 148

INDEX ALPHABÉTIQUE ET ANALYTIQUE................................. 149

Typographie A. Lahure rue de Fleurus, 9, à Paris.

www.ingramcontent.com/pod-product-compliance
Lightning Source LLC
Chambersburg PA
CBHW052056090426
42739CB00010B/2199